Liebe Leserin, lieber Leser

Jede Generation von Deutschen nach 1945 stellt sich aufs Neue die Frage: Wie konnte es dazu kommen, dass sich unsere Eltern und Großeltern der nationalsozialistischen Diktatur auslieferten – und viele dies sogar begeistert taten? Auch heute, da mittlerweile mehr als 70 Jahre seit dem Untergang des NS-Staats vergangen sind, hat die Frage nichts von ihrer Dringlichkeit verloren.

Drei psychologische Dispositionen, so könnte eine der Antworten lauten, mussten wohl zusammenkommen, um Hitlers Machtübernahme möglich zu machen: Verzweiflung, Furcht sowie die Bereitschaft zur Selbsttäuschung.

I. Verzweiflung. Die durch den New Yorker Börsencrash ausgelöste Wirtschaftskrise, die Anfang der 1930er Jahre die gesamte westliche Welt befiel, traf Deutschland besonders hart. Zehntausende Unternehmen brachen zusammen, die Zahl der Arbeitslosen stieg auf mehr als sechs Millionen; dazu kamen wahrscheinlich mehr als 1,5 Millionen Erwerbslose, die aus Scham nirgendwo gemeldet waren. Das entspricht einer Arbeitslosenquote von 37,8 Prozent. Nichts von dem, was die staatstragenden Parteien der Mitte versuchten, half. Ganzen Gesellschaftsschichten drohte der ungebremste Abstieg in die Armut. Und so bekamen die Extremisten, die radikale, scheinbar einfache Lösungen versprachen, immer stärkeren Zulauf: Bei den Reichstagswahlen 1928 hatte die NSDAP noch gerade mal 2,6 Prozent der Stimmen geholt – im Juli 1932 waren es 37,3 Prozent. Als Vorsitzender der größten Fraktion verlangte Adolf Hitler nun, Kanzler zu werden, und am 30. Januar 1933 ernannte ihn der Reichspräsident dazu.

II. Furcht. Sofort nach Hitlers Ernennung überzogen die Nationalsozialisten ganz Deutschland mit maßloser Gewalt. Männer der SA und SS, teilweise als Hilfspolizisten eingesetzt, überfielen Veranstaltungen der Opposition. Erste Konzentrationslager entstanden, in denen politische Gegner gefoltert und ermordet wurden. Immer neue Gruppen wurden drangsaliert, neben Kommunisten, Sozialdemokraten und Juden auch Pfarrer, Homosexuelle, Sinti und Roma. Und die permanente Bedrohung machte sehr schnell auch alle anderen gefügig.

III. Die Bereitschaft zur Selbsttäuschung. Die Nationalsozialisten ließen niemanden im Unklaren darüber, was sie nach der Machtergreifung zu unternehmen gedachten: Schon früh sprach Hitler von „der Ausmerze alles Schwachen" und den „jüdischen Parasiten", von „slawischem Untermenschentum" und der „Erhaltung der Rassenreinheit".

Den verhassten Weimarer „Systempolitikern" kündigte der NS-Parteichef 1930 unverhohlen an, unter seiner Regierung würden ihre „Köpfe rollen". Auch über seine

Ziele für die Jugend äußerte Hitler sich später ganz offen in einem Zeitungsartikel: Schon die Knaben ziehe man ein – „und sie werden nicht mehr frei, ihr ganzes Leben". Er wollte ein Volk, von Kindheit an gedrillt – wie die Jungs auf dem Foto links –, bereit zum Krieg und zur Eroberung von „Lebensraum" im Osten.

Und dennoch gaben sich Hitlers konservative Koalitionspartner der Illusion hin, die Nationalsozialisten zähmen zu können. Glaubten bürgerliche Kreise, der Terror der „nationalen Revolution" sei nur eine vorübergehende Episode, nach der wieder Ruhe einkehren würde. Ließen sich die Arbeiter blenden von der Einführung des 1. Mai als Feiertag, von Autobahnbau und dem Sinken der Erwerbslosenzahlen – in Wirklichkeit erkauft durch skrupellose Aufrüstung und Inflation.

Wie eine zivilisierte Nation binnen kürzester Zeit in die schlimmste Barbarei abrutschte, beschreiben wir in diesem Heft. Es ist eine erschütternde Geschichte – und doch eine, die immer wieder erzählt werden muss.

Herzlich Ihr

Michael Schaper

Der Historiker Dr. Frank Otto, der stellvertretende Chefredakteur von GEO*EPOCHE*, hat diese Ausgabe betreut

INHALT

»UNTERNEHMEN BARBAROSSA« Mit dem deutschen Angriff auf die Sowjetunion im Juni 1941 wird der Kampf um die Vormacht in Europa zu einem Konflikt, wie es ihn noch nie gegeben hat: zum Vernichtungskrieg.

AUSCHWITZ Keine Beschreibung Außenstehender vermag den Zuständen in dem größten Vernichtungslager des NS-Regimes gerecht zu werden: Das können nur die Berichte der Häftlinge selbst.

ENDKAMPF Der Krieg, mit dem das Deutsche Reich Europa und die Welt überzogen hat, fällt schließlich auf seine Urheber zurück. Im April 1945 beginnt die Schlacht um Berlin.

Titelbild: Auf dem Reichsparteitag der NSDAP in Nürnberg von 1937 nimmt Adolf Hitler eine Parade des »Reichsarbeitsdienstes« ab. Alle Fakten und Daten in dieser Ausgabe sind vom Verifikationsteam der Redaktion auf ihre Richtigkeit überprüft worden. Zitate sind der neuen Rechtschreibung angepasst. Kürzungen in Zitaten werden nicht kenntlich gemacht.

Redaktionsschluss: 16. März 2018

DIE UMKÄMPFTE

Im Chaos der Niederlage nach dem Ersten Weltkrieg und der anschließenden Revolution erschaffen Republik – die erste deutsche Demokratie. Doch von Anfang an erschüttern immer wieder schwere Staatswesen wird nach und nach zwischen den Extremen zermahlen. Und unaufhaltsam wächst das

REPUBLIK

freiheitlich gesinnte Politiker die Weimarer politische und ökonomische Krisen das Land, das junge Heer der Enttäuschten Bildtexte: FRANK OTTO

Wieder und wieder erheben sich Radikale von rechts und links gegen die junge Republik, die am 9. November 1918 ausgerufen wird. Weniger als zwei Monate nach dem Ende des Kaiserreichs besetzen **linksextreme Kämpfer** am 5. Januar 1919 das Berliner Zeitungsviertel, errichten Barrikaden und schießen auf die von der Regierung geschickten Truppen

DIE DEUTSCHE REVOLUTION

Meuternde Matrosen der kaiserlichen Flotte setzen im Herbst 1918 das Fanal zur Revolution, die binnen weniger Tage die Monarchie hinwegfegt. Überall im Deutschen Reich bilden sich nun Arbeiter- und Soldatenräte. Und am 9. November ruft der SPD-Politiker Philipp Scheidemann in Berlin die Republik aus – die von der extremen Linken und Rechten aber schon bald erbittert bekämpft wird

Noch regiert offiziell Kaiser Wilhelm II., als die Revolution am 9. November **Berlin** erreicht. Meuternde Truppen besetzen öffentliche Gebäude, wie hier das Stadtschloss der Hohenzollern. Der Monarch flieht von Belgien aus in die Niederlande, sozialdemokratische Politiker übernehmen die Regierungsgeschäfte

Karl Liebknecht, Mitbegründer der Kommunistischen Partei, träumt von der Diktatur des Proletariats. Und ruft, wie hier am 4. Januar 1919 vor dem Innenministerium in Berlin, zum bewaffneten Kampf gegen die vermeintlichen »Revolutionsverräter« von der SPD-Regierung auf

Am 5. Januar 1919 wagen die linksradikalen Revolutionäre einen bewaffneten Aufstand. Die SPD-Regierung schickt **Soldaten**, die die Rebellen unter Beschuss nehmen, hier vom Dach des Brandenburger Tores aus

Nach der Niederschlagung der Revolte nehmen die Sieger **grausame Rache**: Die KPD-Führer Rosa Luxemburg und Karl Liebknecht werden ermordet, Aufständische an die Wand gestellt und erschossen (Groß-Lichterfelde bei Berlin)

Der **Panzerwagen** eines schlesischen Freikorps rollt während der Kämpfe gegen die bayerische Räterepublik durch München. Hunderte Zivilisten werden während der Auseinandersetzungen ermordet. In den Reihen der eingesetzten rechtsradikalen Paramilitärs stehen auch Ernst Röhm und Rudolf Heß – beide werden später zum innersten Kreis der nationalsozialistischen Führung gehören (2. Mai 1919)

AUFMARSCH DER KONTERREVOLUTION

Die gefährlichsten Feinde der deutschen Demokratie tragen Uniform: Brutal gehen die Soldaten der paramilitärischen Freikorps gegen linke Räteregierungen etwa in Bayern vor. Und in Berlin putschen 1920 Offiziere der Reichswehr. Die Republik kann ihren eigenen Generälen nicht vertrauen

Angeführt vom ranghöchsten General der Reichswehr, Walther von Lüttwitz, rücken am 13. März 1920 **Putschisten** in Berlin ein. Als die Armeeführung der Regierung jede Hilfe verweigert, fliehen die Minister. Doch der Umsturzversuch scheitert nach wenigen Tagen am Widerstand republiktreuer Beamter und Gewerkschaften (Berlin, Wilhelmplatz)

ALS DAS GELD NICHTS MEHR WERT IST

1923 steht die Weimarer Republik erneut am Abgrund: Weil Deutschland seinen Reparationsverpflichtungen aus dem Versailler Friedensvertrag nicht rechtzeitig nachkommt, besetzen französische und belgische Truppen das Ruhrgebiet. Der passive Widerstand gegen die Besatzer, von Berlin subventioniert, ruiniert die Staatsfinanzen, und das lässt die ohnehin hohe Inflation auf absurde Dimensionen anschwellen

Französische **Besatzungssoldaten** in Dortmund. Aus Protest gegen die Invasion kommt es zu Sabotageakten, und die Arbeiter der Stahlwerke und Kohlezechen treten in den Ausstand. Die deutsche Regierung zahlt Streikenden ihren Lohn weiter – mit Geld, das sie in großen Mengen drucken lässt

Mehr als 130 Druckereien produzieren Tag und Nacht gewaltige Mengen an **Banknoten**. Trotzdem reichen die verfügbaren Zahlungsmittel nicht aus, um den rasanten Währungsverfall auszugleichen (Geldbündel im Keller der Reichsbank)

Immer schneller steigen die **Preise**. Für ein Ei, das im Juni 1923 (als die Inflation den Besitzer dieses Ladens zu Sonderangeboten zwingt) 800 Mark kostet, müssen im November bereits 320 Milliarden Mark bezahlt werden

Kinder spielen mit einem Drachen aus Banknoten. Mit einer Währungsreform endet am 15. November 1923 die **Hyperinflation**. Die Teuerung der Monate zuvor hat die Rücklagen von Millionen Sparern vernichtet

DER ERSTE VERSUCH

Niemand beschimpft die Republik so hasserfüllt wie Adolf Hitler, der Vorsitzende der rechtsextremen Nationalsozialistischen Deutschen Arbeiterpartei. Am 8. November 1923 will der 34-Jährige seinen Reden endlich Taten folgen lassen: Zusammen mit 3000 Gefolgsleuten versucht er, die bayerische Regierung zu stürzen. Der Putsch endet im Kugelhagel der Polizei. Aber er macht Hitler berühmt

Fast überall in Deutschland ist die NSDAP nur eine Splitterpartei oder gar verboten – und **Adolf Hitler** (hier bei einem Treffen rechter Gruppen in Hof im September 1923) ein Agitator unter vielen. In Bayern aber folgen ihm Zehntausende

Der Putsch beginnt am Abend des 8. November 1923, als Hitlers Truppen (hier seine **Leibgarde**) den Münchner »Bürgerbräukeller« stürmen und zur rechten Revolution aufrufen

Nach dem Scheitern des Umsturzversuchs wird die NSDAP verboten – und ist dennoch nicht am Ende. 1925 gründet Hitler die Partei neu und stellt sich das **Mitgliedsbuch** mit der Nr. 1 aus

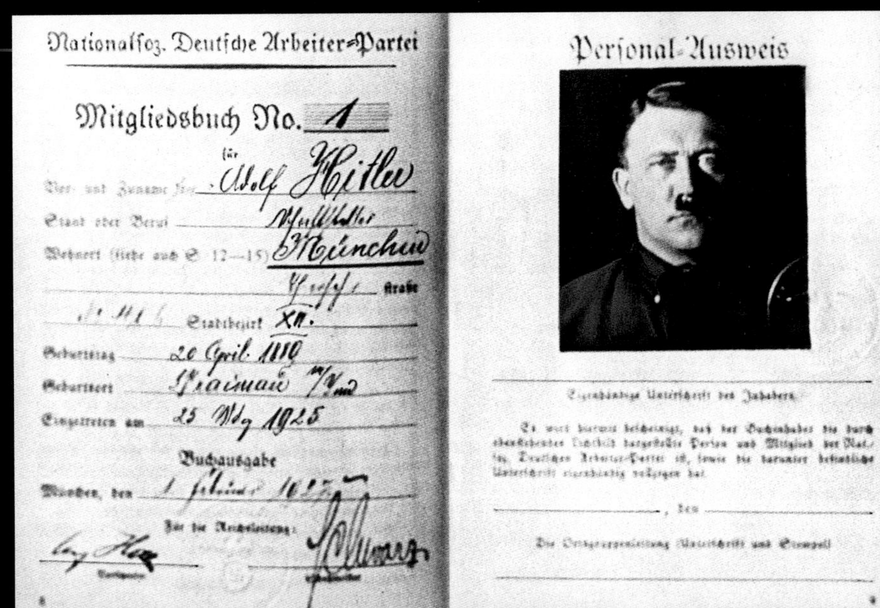

Hitler muss ins Gefängnis. Doch ein reaktionärer Richter verurteilt ihn zu nur fünf Jahren Festungshaft, von denen er lediglich zehn Monate in komfortablen Verhältnissen absitzt (hier mit **Parteigenossen** während der Haft)

Mit revolutionär geballter Faust grüßen diese Mitglieder des **Roten Frontkämpferbunds**. Angeführt von Ernst Thälmann, der 1925 Vorsitzender der KPD wird, gehören der Privatarmee der Kommunisten zwischenzeitlich mehr als 100 000 Männer an. Immer wieder verwickeln sie die Polizei in blutige Straßenschlachten oder kämpfen gegen die Schlägertrupps der NSDAP

AUF ZUM LETZTEN GEFECHT

Die Kommunistische Partei Deutschlands gründet sich am 30. Dezember 1918 und beteiligt sich sofort an einem linksradikalen Aufstand gegen die SPD-Regierung. Erst 1924 wird aus der politischen Sekte eine Massenpartei mit fast 100 000 Mitgliedern. Doch ihre Militanz bleibt – ebenso wie die strenge Ausrichtung an der Sowjetunion und später deren Führer Josef Stalin

DIE RUHE VOR DEM STURM

Von Beginn an krankt die erste deutsche Demokratie an der Republikfeindlichkeit vieler Bürger und Politiker. Rechte wie linke Radikale verachten das Parlament, verhindern Kompromisse, träumen von der Diktatur. Dennoch scheint sich die Republik nach dem Ende der Hyperinflation zu stabilisieren. Doch die 1924 beginnende krisenlose Zeit wird nur wenige Jahre währen

Auch wenn Passanten hier die **Wahlkämpfer** der Berliner NSDAP überschwänglich grüßen: In den Jahren des wirtschaftlichen Aufschwungs nach 1923 werden die Nationalsozialisten fast bedeutungslos. Bei der Wahl am 7. Dezember 1924 stimmen weniger als eine Million Menschen für Hitlers Partei

1925 wird der Ex-Offizier **Paul von Hindenburg** zum Reichspräsidenten gewählt. Der Kandidat des rechten Lagers (hier bei einem Besuch in Koblenz) gewinnt gegen den Bewerber der Demokraten – und führt die Republik auf einen verhängnisvollen Kurs

Kommunisten werben zur Reichspräsidentenwahl 1925 in Berlin für ihren Kandidaten Ernst Thälmann. Der spätere KPD-Vorsitzende erhält in diesem recht ruhigen Jahr der Weimarer Republik nur rund sechs Prozent der Stimmen

Alle Versuche, eine linke **Einheitsfront** von SPD und KPD zu schaffen, scheitern am gegenseitigen Misstrauen. Auch diese gemeinsame Veranstaltung im Berliner Sportpalast endet im September 1931 in Streit und Tumulten

ABSTURZ IN DIE KATASTROPHE

Jäh beenden der US-Börsencrash vom Oktober 1929 und die folgende Weltwirtschaftskrise die Konsolidierungsphase der Weimarer Republik. Der Einbruch trifft die deutsche Wirtschaft, ohnehin geschwächt durch Krieg und Reparationen, besonders hart. Zehntausende Betriebe schließen, Millionen Menschen verlieren ihren Job. Viele sehen bald nur noch einen Ausweg: den radikalen Bruch mit der Demokratie

Auf dem Tiefpunkt der Wirtschaftskrise ist fast jeder dritte Arbeitnehmer in Deutschland ohne Job, und immer weniger Erwerbslose haben Anspruch auf Unterstützung. Millionen Deutsche stürzen ins Elend – und werden anfällig für die Parolen der radikalen Republikfeinde, wie hier der **Nationalsozialisten**

Im Februar 1932 sind mehr als sechs Millionen Menschen erwerbslos. Und die überlaufenen **Arbeitsämter** können kaum noch jemandem eine Stelle vermitteln

Notleidende auf einer Parkbank in Berlin: Auch Armenspeisungen können nicht verhindern, dass in den Industriestädten »eine verschleierte Hungersnot größten Ausmaßes« herrscht, wie eine Studie 1932 feststellt

Um sich zumindest vor Regen und Kälte zu schützen, suchen diese Hamburger Arbeitslosen für ein paar Pfennige Unterkunft in einer **Absteige**, wo sie auf eine Leine gestützt schlafen. Am Morgen löst der Wirt einfach das Seil und treibt die Männer hinaus

DIE PROFITEURE DER KRISE

Die verheerende Wirtschaftskrise ab 1929 macht aus der NSDAP eine Massenbewegung. Schon bei der ersten Wahl nach dem Beginn der Depression kann die frühere Splitterpartei ihren Stimmenanteil von 2,6 auf 18,3 Prozent vervielfachen. Ihren triumphalen Aufstieg verdanken die Nationalsozialisten vor allem ihrem Versprechen, Chaos und Elend zu beenden

Immer gewalttätiger geht die **SA**, die paramilitärische Prügeltruppe der Nationalsozialisten, gegen politische Gegner vor. So sterben im Wahlkampf des Sommers 1932 rund 300 Menschen bei Straßenkrawallen, Schießereien und Saalschlachten (Abteilung der Thüringer SA)

Bei der Reichstagswahl vom 31. Juli 1932 wird die NSDAP mit Abstand stärkste Partei. Und Adolf Hitler, hier mit der Führung seiner **Fraktion** (im Hintergrund Propagandachef Joseph Goebbels), erhebt nun immer lauter den Anspruch auf die ganze Macht

Flankiert von Burschenschaftern in vollem Wichs, demonstrieren hochrangige Nationalsozialisten im Sommer 1932 im Berliner Lustgarten gegen den Versailler Vertrag. Darunter ist auch ein Sohn des abgedankten Kaisers, **Prinz August Wilhelm** (vorn rechts). Er ist schon seit zwei Jahren NSDAP-Mitglied und überzeugt durch seinen Einsatz viele Monarchisten und Konservative, die Hitler-Partei zu unterstützen

DEUTSCHLANDS UNGLÜCK

Reaktionäre Kreise um den Reichspräsidenten Paul von Hindenburg versuchen die ökonomische und politische Krise dafür zu nutzen, die Weimarer Republik in einen autoritären Staat umzugestalten. Zugleich aber wollen die Ultrakonservativen den verachteten Kleinbürger Hitler von der Macht fernhalten. Sie werden mit all ihren Hinterzimmerintrigen scheitern

Die Deutschnationale Volkspartei ist eine Rechtspartei altmodischen Typs: Sie fordert die Wiederherstellung der Monarchie und wirbt mit dem Bildnis des ehemaligen Reichskanzlers Otto von Bismarck. Doch der DNVP fehlt mittlerweile die Massenbasis, im Juli 1932 erringt sie nur noch 5,9 Prozent der Stimmen. Um an die Macht zu kommen, braucht der Parteichef Alfred Hugenberg die Unterstützung Adolf Hitlers

Die Verfassung gibt dem Reichspräsidenten gefährlich viel Macht. In einer Krise kann er viele Grundrechte aufheben und ohne Zustimmung des Reichstags regieren. Hindenburg nutzt dies und bringt Kanzler ins Amt, die die Republik untergraben (**Kriegerdenkmal** mit Hindenburgs Antlitz)

Anfangs soll **Heinrich Brüning** von der katholischen Zentrumspartei den von Hindenburg erwünschten Rechtsschwenk vollziehen. Sein Auftrag: »antiparlamentarisch« und »antimarxistisch« zu regieren – gegen die verhasste SPD

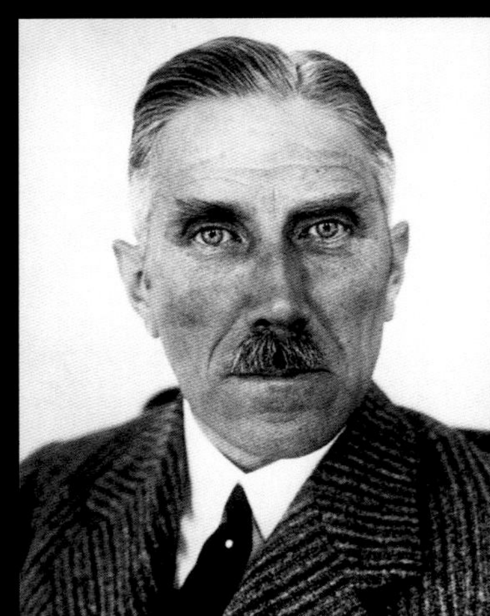

Im Sommer 1932 fällt Brüning beim Reichspräsidenten in Ungnade. Sein Nachfolger wird der adelige Gutsbesitzer **Franz von Papen**, ein Vertreter des Militärs, der Industrie und der Interessen ostelbischer Großagrarier

Nach zwei katastrophalen Reichstagswahlen 1932, die der Hitler-Partei die meisten Stimmen bringen, wird Papen durch **Kurt von Schleicher** ersetzt. Doch auch dem General gelingt es nicht, die NSDAP zu zähmen

Kanzler und Diktator

Er versagt in der Schule, scheitert als Künstler und bringt es auch als Soldat im Ersten Weltkrieg nicht weit. Adolf Hitler ist ein Träumer und sozialer Außenseiter, dessen rhetorisches Talent eher zufällig entdeckt wird. Erst mit 30 Jahren findet der einstige Herumtreiber seine Lebensaufgabe in der Politik – und steigt rasch auf zum wichtigsten Agitator der radikalen Rechten in der Weimarer Republik

Text: MATHIAS MESENHÖLLER

Der Fackelzug hat eben das Brandenburger Tor hinter sich gelassen, als er am Abend des 30. Januar 1933 in die Wilhelmstraße einbiegt – in das Berliner Regierungsviertel. Eine Kapelle spielt einen Marsch. Schaulustige drängen sich im Feuerschein an die Tausende Männer in braunen Hemden und Hosen, die die Marschkolonne bilden: die „Sturmabteilungen" der NSDAP.

Nach einigen Hundert Metern in der Wilhelmstraße bricht Jubel aus. Am geöffneten Fenster seines Arbeitszimmers steht der neue Reichskanzler. Der Mann, von dem sie alles erhoffen, ihr Führer. Adolf Hitler.

Kolonne um Kolonne zieht vorbei. Hitler gibt sich seinem Triumph hin. Dem Gefühl, vom Volk als Retter begrüßt zu werden.

Andernorts indes wenden Passanten den Blick ab, verschwinden in Hauseingängen, wenn die braun Uniformierten vorbeiströmen.

Doch für die meisten Berliner ist an diesem kalten 30. Januar nur ein weiterer Reichskanzler ernannt worden. Das 21. Kabinett in 14 Jahren Republik.

Dass in Deutschland ein Umsturz begonnen hat, daran glauben an diesem Abend wohl nur die Nationalsozialisten selbst. Hitlers Propagandachef Joseph Goebbels erreicht, dass der Rundfunk das Programm ändert und direkt aus der Wilhelmstraße überträgt. Im Interview feiert Goebbels den „Taumel von Jubel und Begeisterung". Und fügt hinzu: „Man kann mit Fug und Recht sagen: Deutschland ist im Erwachen!"

Als nach Mitternacht die Trupps abziehen, mag mancher sich fragen, ob er Hitler und dessen „Bewegung" nicht unterschätzt hat.

Und wie so etwas überhaupt geschehen konnte: dass ein gescheiterter österreichischer Kunstmaler, ein von den Linken gehasster, von den Konservativen verachteter Radaupolitiker Kanzler des Deutschen Reichs wird.

Wie kommt es, dass seine Anhänger in Hitler einen nationalen Messias erblicken? Wer ist dieser Mann, der Deutschland ohne größeren Widerstand aus der Bevölkerung in seine dunkelsten Jahre führen wird?

Geboren wird Adolf Hitler am 20. April 1889 im österreichischen Braunau am Inn. Vier Tage zuvor hat der Vater, Alois, mit 46 Jahren die 23 Jahre jüngere Klara Pölzl geheiratet. Es ist seine dritte Ehe, er bringt einen Sohn und eine Tochter in die Verbindung ein. Drei Kinder des Paares sterben bald nach der Geburt, dann folgen Adolf, fünf Jahre später Edmund, 1896 Paula.

Adolf ist ein lebhafter Junge, der ordentliche Noten schreibt. Nur legt er einen wütenden Trotz an den Tag, wenn er seinen Willen nicht bekommt. Anfang 1903 bricht der Vater über seinem Frühschoppen tot zusammen. 1905 erlangt Adolf ein Abschlusszeugnis.

Den Vorschlag, eine Arbeit oder Lehre aufzunehmen, weist der junge Mann brüsk zurück: Er hat etwas Besseres vor. Er will Künstler werden! Etwas Besonderes. Morgens schläft er aus, den Tag verbringt er mit Zeichnen, Malen, Lesen, geht spazieren. Abends besucht er das Theater, Konzerte, die Oper.

Nach zwei Jahren Nichtstun beschließt er, seine Karriere zu beginnen. Er reist im September 1907 nach Wien, meldet sich bei der Akademie für Bildende Künste zur Aufnahmeprüfung und wird zum zweitägigen Probezeichnen zugelassen.

Das Urteil: „Ungenügend". Hitlers Fantasien sind mit der Realität kollidiert.

Er fährt heim; die Mutter liegt im Sterben. Adolf kümmert sich um sie. Den Fehlschlag an der Akademie verschweigt er.

Am 23. Dezember 1907 wird Klara Hitler beigesetzt. Der Hausarzt sagt später, er habe nie einen Menschen „so schmerzgebrochen" gesehen wie ihren hilflos weinenden Sohn.

Ohnehin zu Einzelgängerei und Selbstmitleid neigend, empfindet Adolf sich ab diesem Moment als völlig allein auf der Welt. Wenige Wochen später kehrt er zurück nach Wien.

1908 bezieht Hitler in Wien ein Zimmer, Hinterhof, Kellergeschoss. Die Wände sind feucht, in den Ritzen hausen Wanzen. Ausgestattet mit einer kleinen Waisenrente sowie dem Nachlass seiner Mutter, setzt er sein Bummelleben fort. Er liest viel, doch unsystematisch, eignet sich aber Faktenwissen an: Sein Gedächtnis ist außergewöhnlich.

Abends geht er in die Oper, Stehparterre – auf der Galerie wäre es billiger, doch dort sind Frauen zugelassen. Deren Gesellschaft bereitet ihm Unbehagen. Alles Geschlechtliche schreckt ihn. Frauen sollen Mütter sein wie die geliebte eigene, Männer keusch, so hält er sich das Problem zunächst vom Leib.

Auch sonst ist er gehemmt, findet keinen Anschluss. Eine Zeit lang wohnt er mit einem Linzer Jugendfreund zusammen – dem er großspurige Vorträge hält, oft die Nacht hindurch. Ausstatter seiner Visionen ist der Komponist Richard Wagner mit seiner mythischen Germanenwelt und Außenseiter-Helden, die eine Ordnung wiederherstellen – das grandios übersteigerte Pathos von Verrat, Opfertod, Erlösung.

Zuweilen geht Hitler ins Parlament und verfolgt die Sitzungen. Die verfeindeten nationalen Parteien blockieren einander, die Abgeordneten schreien sich gegenseitig nieder, pfeifen, klappern mit den Pultdeckeln, selbst zu Handgreiflichkeiten kommt es.

Das Geschehen versetzt Hitler in fiebrige Erregung. Später wird er behaupten, diese Erlebnisse hätten ihn in einen Feind des Parlamentarismus verwandelt.

Versuche, einen Broterwerb aufzunehmen oder einen höheren Schulabschluss nachzuholen, um Architekt werden zu können, macht er nicht. Im Oktober 1908 meldet er sich erneut bei der Akademie zur Aufnahmeprüfung – und wird nicht einmal zum Probezeichnen angenommen.

Allmählich geht sein mütterliches Erbe zur Neige, und bald beginnt ein Abstieg durch immer schäbigere Quartiere, der schließlich im Spätherbst 1909 in einem Obdachlosenasyl endet. Ausgehungert, verlaust, die Füße wund gelaufen, besitzt Hitler nur noch die abgerissenen Kleider, die er am Leib trägt.

Ein kleinkrimineller Landstreicher namens Reinhold Hanisch nimmt ihn zu Gelegenheitsarbeiten mit, doch körperlich schwach, unbedarft und linkisch, hat Hitler im Überlebenskampf der Arbeitslosen keine Chance.

Hanisch fragt, ob Hitler nicht Ansichtskarten malen könnte? Schon, aber er traue sich nicht zu, sie auch zu verkaufen. Hanisch schlägt vor, das zu übernehmen; den Erlös wollen sie teilen.

Im Februar 1910 kommen beide in einem Heim unter, das alleinstehenden Männern für wenig Geld Schlafkabinen, Sanitärräume, ein Lesezimmer bietet. Hitler kopiert nach Vorlagen Wiener Motive; Hanisch verkauft die Karten und Aquarelle in Wirtshäusern, an Souvenirläden und Rahmenhändler.

Gedemütigt und verstört, flüchtet sich Hitler in hilflosen Groll. Auf der Suche nach Schuldigen liest er wie zwanghaft politische Broschüren, die ausliegenden Tageszeitungen, stopft sich voll mit der hasserfüllten Kampfpropaganda des späten Habsburger-Reiches. Wenn die Mitbewohner debattieren, fährt er dazwischen: Mit manischer Wut wettert er gegen Sozialdemokraten, Minderheiten, die alten Eliten der Monarchie – und idealisiert Deutschland, das er als sein eigentliches, nationales Vaterland ansieht. Widerspruch verträgt er schlecht, brüllt ihn nieder.

Politisiert er nicht, gilt er als zurückhaltend und höflich. Allmählich fasst er Mut, selbst zu Kunden zu gehen. Dann, mit dem 20. April 1913, dem 24. Geburtstag, steht ihm sein Anteil am väterlichen Erbe zu. Hitler kleidet sich neu ein und nimmt den Zug nach München: ins gelobte Deutschland.

Aussichten auf eine bürgerliche Existenz hat er freilich auch dort nicht. Das Ereignis, das dem Aussteigerleben schließlich ein Ende setzt, kommt von außen: Im August 1914 schlagen Spannungen zwischen Europas Mächten um in Krieg. Den Kern der Lager bilden Deutschland und Österreich-Ungarn auf der einen, Frankreich, Großbritannien und Russland auf der anderen Seite.

Viele Deutsche reagieren mit beklommener Sorge, andere begrüßen den Kampf enthusiastisch, darunter Adolf Hitler. Er meldet sich freiwillig und wird einem bayerischen Infanterieregiment zugeteilt – ob er seine österreichische Staatsbürgerschaft verschweigt oder die bayerischen Behörden einfach jeden Bewerber akzeptieren, ist unklar.

Nach kurzer Ausbildung wird das Regiment Ende Oktober 1914 an die Front verlegt. Nahe dem belgischen Ypern geht es in seine

Die Theatralik des Demagogen ist nicht spontan: Immer wieder übt er seine Reden vor dem Spiegel und lässt sich dabei fotografieren. Ineffektive Posen streicht er aus seinem Repertoire

erste Schlacht. Was dort geschieht, hat mit der Kriegerromantik populärer Bildbände, wie sie Hitler gelesen hat, nichts gemein. Die angreifenden Bayern geraten in dichtes Feuer britischer Artillerie und Maschinengewehre. Mancher stürmt nur weiter, weil er den Anblick der Toten und Verstümmelten nicht erträgt. Nach vier Tagen sind drei Viertel der Männer gefallen oder verwundet. Hitler überlebt unverletzt.

Wenig später wird er als Meldegänger in den Regimentsstab versetzt. Von nun an trägt er Befehle aus dem meist einige Kilometer hinter der Front untergebrachten Stabsquartier in die weiter vorn gelegenen Gefechtsstände. Eine Aufgabe, deren Gefahren nicht zu vergleichen sind mit der Not in den überfluteten, massiv von Artillerie beschossenen Gräben, aus denen die Männer immer wieder ins Feuer der Maschinengewehre gejagt werden.

Zum ersten Mal findet Hitler hier eine bergende Gemeinschaft. Zwar bleibt er der Sonderling, der in Mußezeiten lieber zeichnet und liest, als mit anderen zu zechen oder ins Bordell zu gehen. Er bekommt keine Pakete, keine Weihnachtspost; den Kameraden gilt er als einsam. Doch sie akzeptieren ihn.

Er ist pflichteifrig, absolut vom Krieg überzeugt und erhält das Eiserne Kreuz Zweiter, später Erster Klasse, die höchste Auszeichnung für Soldaten seines Ranges. Allerdings ist da wohl seine Nähe zu den vorschlagsberechtigten Offizieren entscheidend gewesen.

Das Gefühl, anerkannt zu werden, sowie die relativ sichere Entfernung zum Grauen der Schützengräben prägen Hitlers Kriegserlebnis. Sie erleichtern es ihm, sich neuerlich der Realität zu verweigern: Bis zum Schluss nimmt Hitler die deutsche Unterlegenheit, die zerfallende Moral der Truppe nicht wahr oder begreift sie nicht.

Die Desillusionierung kommt für ihn so jäh wie sein Scheitern an der Akademie: Am 11. November 1918 unterzeichnen Vertreter der Reichsregierung einen Waffenstillstand. Der Kaiser hat abgedankt, in Berlin ist die Republik ausgerufen worden, Arbeiter und Soldaten bilden revolutionäre Räte.

Ein Reichswehroffizier bemerkt 1919 Hitlers Rednerbegabung und setzt ihn als V-Mann in der rechtsextremen Szene Münchens ein

Hitler erfährt davon im Lazarett: In den letzten Kriegswochen ist er in einen Senfgasangriff geraten und zeitweilig erblindet. Vieles spricht dafür, dass die Sehstörung psychosomatisch ist, sei es als hysterische Reaktion auf die nicht mehr zu leugnende Niederlage – oder weil Hitler, ohne es sich einzugestehen, das Grauen nicht verkraftet.

Eine Woche später wird er entlassen, am 21. November 1918 meldet er sich bei seinem Regiment in München. Außerhalb der Truppe hat er keine Bleibe, keine Freunde, keine Perspektive. Kein Leben, in das er zurückkehren könnte.

Das neue Deutschland ist eine schwankende, ungeliebte Republik. Kurz zuvor haben die Sieger des Weltkriegs Deutschland einen Friedensvertrag diktiert, der schmerzliche Gebietsverluste und erhebliche Reparationszahlungen umfasst, das Reich militärisch entmachtet sowie ihm und seinen Verbündeten die Schuld an dem Blutvergießen zuweist.

Viele Deutsche reagieren gekränkt und empört auf diesen im Pariser Vorort Versailles unterzeichneten „Schandfrieden“ – und lasten die Demütigung nicht etwa den alten Eliten an, die den Krieg schließlich riskiert und verloren haben, sondern den Vertretern der jungen Demokratie.

Denn den geschlagenen Generälen gelingt es, einen perfiden Mythos in die Welt zu setzen: „Im Feld unbesiegt“ sei das Heer gewesen – dann aber von hinten, aus der revoltierenden Heimat, „erdolcht“ worden. Unter nationalistischen Republikfeinden findet diese „Dolchstoßlegende“ rasch Anhänger.

1919 wird Hitler zu einem Verbindungsmann der Reichswehr-„Nachrichtenabteilung“, die das Münchner politische Leben beobachtet und unter den Soldaten antisozialistische Propaganda verbreitet. Bei einer Schulung bemerkt ein Dozent eine Gruppe, die gebannt einen Mann umringt, der mit gutturaler Stimme unaufhaltsam auf sie einspricht. In das bleiche Gesicht des Wortführers fällt eine Haarsträhne. Offenkundig ein rednerisches Talent.

Über all die vertanen Jahre hat Hitler in endlosen Monologen eine außergewöhnliche Gabe trainiert: sich scheinbar mühelos fremde Gedanken anzueignen, sie neu zusammenzusetzen und mitreißend vorzutragen. Im Gespräch ist er unbeholfen – sobald er aber doziert, verliert er alles Gehemmte. Ein Widerspruch, in dem der Riss sichtbar wird, der sich seit Kindertagen durch seine Person zieht: zwischen maßloser Selbstverliebtheit, die ihn vor Publikum zum Volkstribun werden lässt – und tiefer Unsicherheit, unfähig, Freundschaften einzugehen.

Manches spricht dafür, dass dieses widersprüchliche Verhalten im Antagonismus von bedingungsloser Liebe seiner Mutter und der herrischen Dominanz seines Vaters wurzelt.

Er wird vom Nachrichtendienst der Reichswehr als „Aufklärungsredner" eingesetzt und bewährt sich glänzend. Die Wut und Verbitterung der Soldaten, die sich um den Sieg im Weltkrieg, ihre Ideale, ihre Jugend betrogen fühlen, ist auch seine. Und er kann ihnen Schuldige anbieten: Marxisten und Juden.

Bald bildet die rassische Judenfeindschaft ein zentrales Element seiner Rhetorik: „Ziel aber muss unverrückbar die Entfernung der Juden überhaupt sein", schreibt er an seinen Vorgesetzten, der ihn zur Mäßigung ermahnt.

Im September 1919 beobachtet Hitler als Verbindungsmann der Reichswehr die Versammlung einer politischen Splittergruppe. Die „Deutsche Arbeiterpartei" will Nation und Sozialismus versöhnen, die Arbeiterschaft nach rechts ziehen. Auf den Zusammenkünften wird auf Reiche ebenso geschimpft wie auf Proletarier, auf die „Schmach" von Versailles wie auf die Juden.

So wie es Hitler selber später darstellt, fällt er dabei mit einem scharfen Redebeitrag auf und wird gebeten, der DAP beizutreten. Sein Vorgesetzter in der Reichswehr hingegen wird behaupten, ihm den Parteieintritt befohlen zu haben, um die DAP zu stärken. Ein paar Tage später erhält Hitler die Mitgliedskarte Nummer 555. (Die DAP hat die Zählung bei 500 begonnen, um größer zu erscheinen.)

Er gewinnt rasch Einfluss, treibt die behäbige Stammtischrunde in die Öffentlichkeit. Anfang 1920 benennt sich die Partei um in „Nationalsozialistische Deutsche Arbeiterpartei". Im Sommer erhält sie eine Fahne, die ein verbreitetes völkisches Symbol aufgreift: ein schwarzes Hakenkreuz im weißen Kreis auf grellrotem Hintergrund. Ende des Jahres ermöglicht ihr ein Fabrikant, den „Völkischen Beobachter" als Parteizeitung zu erwerben.

Da ist Hitler bereits aus der Reichswehr entlassen und nun hauptamtlicher Agitator der NSDAP.

In München gibt es etliche dieser völkisch-nationalen Gruppierungen, von entlegenen Wirtshaus-Sekten bis zur elitären Thule-Gesellschaft mit Sitz im vornehmen Hotel „Vier Jahreszeiten". Alldeutscher Nationalismus und Antisemitismus waren bereits im deutschen Kaiserreich verbreitet. Nun machen vor allem das Trauma der Niederlage im Weltkrieg und wirtschaftliche Not eine – wenn auch langsam – steigende Zahl von Bürgern für extreme Ideen empfänglich. Gerade in Bayern, das nach der Erfahrung der Räteherrschaft zur Hochburg der Gegenrevolution geworden ist.

Tatsächlich ist kaum etwas neu von dem, was Hitler zu sagen hat. Doch neu ist, wie er es sagt: Zornig bellt er seine Sätze heraus, trifft den bitteren Groll seiner Zuhörer, ihre Statusangst. Er spricht in Schwarz-Weiß-Bildern ohne jeden Grauton, vereinfacht rücksichtslos, wählt ätzenden Sarkasmus, eine Sprache von ungeheurer Brutalität, vermag sich theatralisch zu steigern, wechselnd zwischen feierlich Düsterem und einem gehetzten, gellenden Furioso.

Und die Bierkeller gehen mit: Jubel, Protestgeschrei, Tumulte. Ein Saalschutz wird organisiert, eine Schlägertruppe, die 1921 den Namen „Sturmabteilung" erhält. Im selben Jahr füllt Hitler den großen Kuppelbau des Münchner „Circus Krone" mit mehr als 6000 zahlenden Zuhörern.

Seinem Publikum gilt er als Gesicht und Stimme der Partei – die außer Hitlers Propagandatalent wenig vorzuweisen hat. Bald legt er eine divenhafte Empfindlichkeit an den Tag, reagiert auf Widerspruch mit Wutausbrüchen. Und zögert doch, den mehrfach angetragenen Vorsitz zu übernehmen. Endlich ringt er sich durch, fordert aber „diktatorische Machtbefugnisse", sonst gehe er.

Ein Verhalten, das zum Muster wird: Hitler scheut Entscheidungen; dann jedoch, aus einem plötzlichen Entschluss, spielt er um alles oder nichts. Die überfahrenen Parteimitglieder stimmen zu.

Als Vorsitzender agitiert Hitler nicht nur. Rollkommandos der NSDAP stören die Veranstaltungen politischer Gegner, gehen in Saalschlachten und Straßenschlägereien.

Bei einem Besuch des Reichspräsidenten Friedrich Ebert in München wird der Sozialdemokrat von nationalsozialistischen Demonstranten ausgepfiffen, beleidigt, bespuckt – wie umgekehrt Hitler bei Reden zuweilen ausgeschrien, mit Bierkrügen beworfen wird.

Schießereien, Morde: Von politischem Hass zerrissen, steht Deutschland am Rand eines Bürgerkriegs. Und 1923 scheint es tatsächlich so weit zu sein. Franzosen und Belgier besetzen das Ruhrgebiet, um ausstehende Reparationsleistungen einzutreiben. Die Wirtschaft droht zu kollabieren, die Inflation übersteigt das bis dahin Vorstellbare: Im September kostet ein Brot drei Millionen Mark, ein Dollar ist knapp 100 Millionen wert. In den Großstädten brechen Hungerrevolten aus. Reichspräsident Ebert lässt mit Notverordnungen nach Artikel 48 regieren. In ihrer Hochburg Sachsen bereiten die Kommunisten einen Aufstand vor, in Berlin erwägen Reaktionäre und Reichswehr einen Staatsstreich.

Und in Bayern schwillt die NSDAP binnen weniger Monate auf mehr als 50 000 Mitglieder an.

Die Münchner Landesregierung überträgt einem „Generalstaatskommissar", Gustav Ritter von Kahr, nahezu diktatorische Befugnisse. Ihm zur Seite stehen der Chef der Landespolizei, Hans Ritter von Seißer, und General Otto von Lossow, der Kommandeur der bayerischen Reichswehrverbände.

Das Dreigestirn untersagt eine Reihe von NSDAP-Versammlungen – doch nicht etwa, um die Republik zu retten: sondern um bei einem von ihnen schon lange erhofften rechten Staatsstreich gegen die Berliner Regierung selbst eine führende Rolle zu spielen. Und so den vulgären Hitler kaltzustellen, dessen Polemik sich auch gegen die alten Eliten richtet.

Gespannte Wochen vergehen. Der Preis für ein Brot steigt auf eine Milliarde Mark. Anfang November erfahren Kahr, Seißer und Lossow, dass die Reichswehrführung nichts gegen die Regierung unternehmen wird.

Inzwischen läuft Hitler die Zeit davon. Seit Jahren verheißt er die „nationale Erhebung", Zigtausende hat er begeistert, Boulevardzeitungen feiern ihn als „König von München". Für seine Gefolgsleute ist er längst der überlegene „Führer". Und nun?

Weshalb handelt Hitler nicht, jetzt, da offenbar die Gelegenheit zu einem Staatsstreich gekommen ist? Parteifunktionäre fürchten, dass die Anhänger der NSDAP zu den Kommunisten überlaufen könnten, wenn nicht bald etwas geschehe – irgendetwas.

Abermals zaudert Hitler – um dann überstürzt aufs Ganze zu gehen: Am 7. November 1923 verkündet er im kleinen Kreis, noch am folgenden Abend loszuschlagen, wenn Bayerns Prominenz zu einer Rede Kahrs im „Bürgerbräukeller" versammelt sein wird. Heimlich werden am Nachmittag des 8. November SA und verbündete paramilitärische Einheiten mobilisiert. Gegen 20.00 Uhr lehnt Hitler an einem Pfeiler im hinteren Teil des Bürgerbräukellers. Mit 3000 Besuchern ist der Saal voll besetzt. Wie meist hat Hitler seine Browning-Pistole dabei. Kahr beginnt seine Rede von einem Manuskript abzulesen.

Nach einer halben Stunde entsteht am Eingang Tumult. Bewaffnete drängen herein, schieben ein schweres Maschinengewehr in den Saal. Adolf Hitler wühlt sich durch die schreiende Menge. Vorn angekommen, feuert er mit der Browning in die Decke, erklimmt das Podium: Die nationale Revolution sei ausgebrochen, der Saal abgeriegelt! Eine provisorische Reichsregierung werde gebildet – unter seiner Führung!

Dann befiehlt er Kahr, Lossow und Seißer in einen Nebenraum. Das fassungslose Trio folgt. Hitler fordert Zusammenarbeit, stellt Ministerposten in Aussicht. Doch erst als der zuvor eingeweihte Weltkriegsgeneral Erich Ludendorff erscheint, eine legendäre Gestalt der Rechten, lenken die drei ein. Gemeinsam kehrt die Gruppe in den Saal zurück. Dort wird die vermeintlich einmütige Revolte begeistert aufgenommen, das Deutschlandlied gesungen. Dann dürfen die Menschen gehen.

Inzwischen versuchen bewaffnete Putschisten, Einrichtungen von Reichswehr, Polizei und Regierung zu besetzen. Dann aber macht Hitler einen entscheidenden Fehler: Er eilt hinaus zu den kämpfenden SA-Trupps und überträgt Ludendorff das Kommando im „Bürgerbräukeller" – der wenig später Kahr, Lossow und Seißer auf Ehrenwort in ihre Dienststellen schickt.

Doch als in München der 9. November heraufzieht und Plakate den Reichskanzler Adolf Hitler ausrufen, haben sich Kahr, Lossow und Seißer längst gegen den Putsch gewandt und kontrollieren inzwischen die zentralen Stellen in Justiz und Verwaltung. Alles, was die „nationale Erhebung" in dieser Nacht erobert hat, ist der „Bürgerbräukeller".

Hitler ist wütend, ratlos, verzweifelt. Schließlich setzt Erich Ludendorff einen Marsch der NSDAP in die Innenstadt durch – in der Hoffnung, dass sich die Bevölkerung dem Putsch anschließen wird. Mehr als 2000 Mann nehmen Aufstellung. Fahnenträger voran, dahinter Hitler und Ludendorff, dann in Zwölferreihe die Bewaffneten.

Tatsächlich zieht der Marsch Tausende Jubler und Gaffer an. Gegen 12.45 Uhr kommt die Feldherrnhalle in Sicht. Polizei erscheint. Dann fällt ein Schuss – unklar, wer ihn abgibt. Der Feuerwechsel dauert keine Minute, 14 Putschisten und vier Polizisten sterben, Dutzende werden verwundet. Schließlich stiebt der Zug auseinander.

Ludendorff lässt sich festnehmen. Hitler flieht, wird aber zwei Tage später verhaftet; seine Partei ist noch am 9. November von Kahr in Bayern verboten worden (bald darauf wird die NSDAP auch reichsweit aufgelöst).

Nachdem er sich zuvor wie im Rausch die eigene Unbesiegbarkeit eingeredet hat, kollidiert Hitlers Einbildungskraft einmal mehr mit der Realität. Er hat versagt. Während er in Untersuchungshaft einsitzt, verschwinden die Hakenkreuze von der Straße.

Auch die bittere Lage der Nation, das Fundament seiner so oft hinausgebellten Polemik, verbessert sich. Eine Währungsreform beendet die Inflation; die Siegermächte zeigen sich bereit, über die drückenden Reparationen zu verhandeln. Mit dem Jahr 1923 enden die Wirren der Nachkriegszeit. Die Demokratie gewinnt Stabilität.

Doch ihre schwerste Hypothek bleibt bestehen: Sie hat zu viele Feinde im Innern, auch in der aus dem Kaiserreich übernommenen Beamtenschaft. Das tritt zutage, als im Februar 1924 in München der Prozess gegen die Putschisten beginnt. Mit offener Sympathie erlaubt der Richter dem Angeklagten, das Gericht in eine Bühne zu verwandeln – und den kläglich gescheiterten Staatstreich zur kühnen Märtyrertat zu stilisieren. Den Vorwurf des Hochverrats weist Hitler zurück: „Denn es gibt keinen Hochverrat gegen die Landesverräter von 1918."

Er habe gehandelt „als bester Deutscher, der das Beste wollte für sein Volk".

Am 1. April 1924 wird Ludendorff freigesprochen, Hitler erhält die Mindeststrafe von fünf Jahren Haft – mit der Aussicht, frühzeitig auf Bewährung entlassen zu werden. Das Urteil würdigt ausdrücklich seinen „rein vaterländischen Geist" und „edelsten Willen".

War Hitler bis dahin eine Lokalgröße, so macht ihn der Prozess zum Idol völkischer Republikfeinde in Deutschland.

Seine Haft in Landsberg gleicht einem Hotelaufenthalt. Hitler empfängt Briefe von Verehrern, Blumen, Hunderte Besucher. Und er verfasst den ersten Teil eines Buches – einer Kombination aus Autobiografie und Programmschrift. Titel: „Mein Kampf".

Antisemitismus und Antimarxismus gehen hier endgültig in eins: Der „Bolschewismus" sei nichts anderes als ein Instrument der Juden im Kampf gegen die „arisch-germanische Rasse"; er diene dazu, wehrhafte Nationen zu zersetzen und zu beherrschen.

Neben diesen Kern seines radikalen Nationalismus, seine Republik- und Demokratiefeindschaft lässt Hitler nun das letzte Element seiner „Weltanschauung" treten, die sich fortan nur noch in Nuancen ändern wird: die Vision einer Eroberung von „Lebensraum im Osten", vom Aufbau eines deutschen „Herrenrassen"-Imperiums auf Kosten der UdSSR.

Als das Buch 1925/26 in zwei Bänden erscheint, kann jeder lesen, was Hitler vorhat, sollte er je Macht erlangen. Nur liest es zunächst kaum jemand oder nimmt es gar ernst.

Bereits am 20. Dezember 1924 kommt Hitler frei. Spätestens in der Haft verfällt er einem geradezu mystischen Glauben an sich selbst als den von der „Vorsehung" bestimmten Erlöser der deutschen Nation.

Aber er hat auch gelernt: Auf gewaltsamem Weg ist die Macht nicht zu erlangen. Soll Deutschland nationalsozialistisch werden, dann mit den Mitteln der Verfassung.

Wenige Wochen darauf wird die NSDAP in Bayern wieder zugelassen, nachdem dort der Ausnahmezustand aufgehoben worden ist. Unter vier Augen hat Hitler dem bayerischen Ministerpräsidenten gegenüber den Putschversuch als Fehler bezeichnet, für die Zukunft Gesetzestreue geschworen.

„Die Bestie", meint sein Gesprächspartner anschließend, „ist gezähmt." Zwar erhält Hitler Redeverbot in der Öffentlichkeit; auf geschlossenen Parteiveranstaltungen jedoch darf er auftreten. In den nächsten Monaten treffen die meisten Länder ähnliche Regelungen.

Putsch und Haft erweisen sich nun als Hitlers größtes politisches Kapital neben seiner rhetorischen Gabe; er genießt bei den rechten Feinden der Republik unbestrittene Autorität als „Held von München". Und steigert diese heroische Aura noch, indem er sich nicht dem politischen Tagesgeschäft aussetzt.

Stattdessen lungert er tagelang im „Café Neumaier" herum, umgeben von Vertrauten, Verehrern und vermögenden Gönnern. Die Organisationsarbeit überlässt er anderen – wohl wissend, dass sie auf ihn angewiesen sind. Konkurrenzkämpfe zwischen Funktionären sitzt er aus, bis sich ein Sieger abzeichnet, dem er dann seine Weihen gibt. Ähnlich genießen regionale und Ortsgruppen große Freiheit, solange sie die Parteizentrale in München anerkennen.

Vor seinen Anhängern entfaltet Hitler visionäre Kraft: Er überzeugt sie, weil er selbst von sich und seinen Phantasmagorien eingenommen ist, ungeachtet der Realitäten. So fühlt er sich als Führer einer grandiosen „Bewegung", nicht als Vorsitzender einer Splitterpartei. Eben das aber bleibt die NSDAP, auch nachdem Hitler 1928 wieder reichsweit öffentlich auftreten darf (selbst den misstrauischen preußischen Behörden scheint die Gefahr endgültig gebannt). Bei Wahlen gewinnt seine Partei selten mehr als drei Prozent der Stimmen.

Ihre Stärke ist ihr Organisationsgrad. Bei den Reichstagswahlen 1928 gehört jeder achte NSDAP-Wähler der Partei auch an. Und engagiert sich bei Protestzügen, in der SA, im NS-Lehrer- oder Ärztebund. Abgesehen von einigen Spendern finanziert die Partei sich weitgehend durch Mitgliedsbeiträge und Eintrittsgelder. Auf Großveranstaltungen gelingt es Hitler immer wieder, seine Selbsthalluzination auf seine Anhänger zu übertragen: Fahnen, Fanfaren, Uniformen, Marschkolonnen und donnernde Heilrufe wecken Gefühle von Macht und Dynamik.

Dennoch gelangt die NSDAP über den Status einer Randgruppe nicht hinaus. Die autoritären Sehnsüchte vieler Deutscher, ihr Unbehagen an der Demokratie, ihre Wut auf die Reparationen bedienen auch andere Parteien, etwa die „Deutschnationale Volkspartei" des Großverlegers Alfred Hugenberg.

Ohnehin gelten Hitlers hemmungslose Aggressivität, sein manischer Antisemitismus, sein exaltiertes Auftreten im Bürgertum als ordinär; die „soziale Idee" einer nebulösen „Volksgemeinschaft" schreckt die Konservativen ab, ohne in der Arbeiterschaft zu verfangen. Zumal das Nachkriegs-Chaos verschwunden ist, vor dessen Hintergrund die Hasstiraden so eingängig wirkten.

1929 kommt es erneut zum Chaos. Die deutsche Wirtschaft stagniert bereits, als am 24. Oktober in New York die Börsenkurse einbrechen. Zahllose Unternehmen müssen schließen, die Arbeitslosigkeit schnellt in die Höhe. Mieter verlieren ihre Wohnungen, Kaufleute ihre Geschäfte, Bauern ihre Höfe. Hunger, Kriminalität, Selbstmorde.

Noch ehe die Not 1932 ihren Höhepunkt erreicht, wird aus der Wirtschafts- eine Staatskrise. Den Auftakt macht der Reichspräsident. Seit 1925 bekleidet Paul von Hindenburg das Amt. Der Heerführer des Weltkriegs und Nationalheld repräsentiert den Glanz vergangener Macht, er ist der Inbegriff eines preußischen Offiziers. Hinter der pompösen Fassade aber verbirgt sich ein geistig wenig wendiger Mann, der zeitlebens von den Ratschlägen anderer abhängt.

In der Rezession nach 1929 hört er vor allem auf Generalmajor Kurt von Schleicher. Und der begreift die Krise als Gelegenheit, das parlamentarische System durch ein autoritäres Präsidialregime zu ersetzen.

Ende März 1930 ernennt Hindenburg den Abgeordneten Heinrich Brüning von der katholischen Zentrumspartei zum Kanzler und lässt ihn mit Notverordnungen nach Artikel 48 regieren. Als sich der Reichstag dagegen wehrt, löst Hindenburg ihn auf. Bei den Wahlen am 14. September 1930 erhält die NSDAP 18,3 Prozent der Stimmen, 15,7 Prozentpunkte mehr als 1928. Die KPD kommt auf 13,1 Prozent.

Noch haben die republiktreuen Parteien im Reichstag eine Mehrheit, doch können sie sich auf keine Koalition einigen. Brüning regiert weiter mit Notverordnungen, vom Parlament nur toleriert, weil viele Abgeordnete bei abermaligen Neuwahlen ein weiteres Erstarken der extremen Parteien befürchten. Er setzt auf einen rigiden Sparkurs, der die Krise jedoch verschärft.

Wachsende Not und Arbeitslosigkeit treiben Hitler Wähler zu. Daneben profitiert die NSDAP von der Angst der Mittelschichten vor dem Abstieg in das verachtete Proletariat, von der Furcht der Bürger vor der kommunistischen Revolution. Von ihrer Wut auf die zerstrittenen demokratischen Parteien, dem nie abgeklungenen Groll über die Demütigung durch den „Schandfrieden".

All das fließt zusammen in Abscheu und Hass gegen das Weimarer „System".

Hitler bietet keine Lösungen. Er bedient und befeuert nur die Wut. Und beschwört eine utopische Zukunft erneuerter Größe, Einheit, innerer Ordnung. Bei Landtagswah-

Hitlers megalomanes Sendungsbewusstsein wird nicht davon geschmälert, dass die NSDAP jahrelang nur eine Splitterpartei ist. Er inszeniert sich immer mehr als »Führer«

len gewinnt die NSDAP verstärkt Stimmen im Mittelstand, aber auch unter Arbeitern, Arbeitslosen und einzelnen Unternehmern.

Bis 1932 wächst sie zur Massenpartei heran – unter anderem deshalb, weil Hitlers „Bewegung" moderner wirkt, leidenschaftlicher als die konservative und liberale Konkurrenz. Ihr „Führer" jagt nach US-Vorbild im Flugzeug von Veranstaltung zu Veranstaltung; seine Auftritte sind Kraftakte.

„Nationaler Sozialismus": Der Begriff kombiniert zwei Kampfideologien des 19. und 20. Jahrhunderts. Wie vage und intellektuell dürftig auch immer die Utopie der NSDAP ist: Sie reißt vor allem Jugendliche mit. Nicht nur, weil die Krise ihnen die Lebensperspektiven raubt. Sondern weil sie die verknöcherte bürgerliche Welt ablehnen. Die Tristesse der Republik. Den vermeintlich platten Materialismus und Hader der Alten. Hitler aber verheißt Aufbruch, Idealismus, Abenteuer.

Zwischen Januar und Dezember 1931 schwillt die SA von 88 000 Mitgliedern auf 260 000 an, bis Frühjahr 1932 auf fast 400 000 überwiegend junge Männer. Neben die Agitation treten Terror, Straßenschlachten, Schießereien mit Kommunisten. Hitlers Auftreten, seine Truppen, der Aktivismus der Parteimitglieder erzeugen den Eindruck einer nahezu unwiderstehlichen Macht.

Dass die NSDAP schließlich an die Regierung gelangt, ist jedoch das Ergebnis einer Kette von Winkelzügen, die möglich werden, weil die Verfassung für Notzeiten eine Konzentration der Macht bei wenigen Männern vorsieht. Und von Machenschaften, zu denen es kommt, weil diese Männer die Demokratie verachten.

Ende April 1932 geht der Reichswehrgeneral Kurt von Schleicher auf Hitler zu und sondiert dessen Bereitschaft, ein rechtsgerichtetes Präsidialregime zu unterstützen. Hitler sagt zu – fordert als Preis aber Neuwahlen. Auf Schleichers Anraten lässt Hindenburg Brüning fallen und ernennt den scharf reaktionären Franz von Papen zum Kanzler. Papen ist ein Mann nach Hindenburgs Geschmack: aus altem Adel, exzellenter Reiter, stilsicher, intellektuell schlicht. Dass er außerdem brennend ehrgeizig und bauernschlau ist, nehmen wahrscheinlich weder Schleicher noch Hindenburg wahr.

Die bewusst exaltierten Gebärden sollen einen leidenschaftlichen Redner zeigen. Aufnahmen wie diese werden als Postkarten an die Anhänger der Nationalsozialisten verkauft

Bei der versprochenen Wahl im Juli erhält die NSDAP 37,4 Prozent der Stimmen – mehr als eine Partei in der Weimarer Republik je erlangen konnte (nur zur Wahl der Nationalversammlung 1919 hatte die SPD einen leicht größeren Stimmenanteil). Nun beruft Hitler sich auf demokratische Prinzipien und fordert die Kanzlerschaft für sich.

Das aber kommt für Hindenburg nicht infrage: Der „Gefreite", wie er Hitler abschätzig nennt, als Regierungschef? Indiskutabel.

Da Hitler sich weigert, ein Kabinett zu unterstützen, das er nicht selbst leitet, löst Hindenburg im September abermals den Reichstag auf.

Im November ist die NSDAP stärkste Partei, büßt aber Stimmen ein. Sie hat ihr Wählerpotenzial ausgeschöpft.

Hitler steht vor einem Dilemma: Beteiligt er sich an einer Koalitionsregierung, muss er Kompromisse schließen, die seinen Mythos als Heilsbringer ruinieren. Beteiligt er sich nicht, riskiert er, dass Wähler enttäuscht abwandern.

Anfang Dezember 1932 kann Schleicher den widerstrebenden Hindenburg überzeugen, ihn selbst anstelle Papens zum Reichskanzler zu ernennen. Hitler bleibt bei seiner Haltung: Er will alles oder nichts. Zu Neujahr erklärt ihn die demokratische Presse für gescheitert.

Wenige Tage später macht die Nachricht von einem Treffen zwischen Hitler und Papen Schlagzeilen. Schleicher tut es als belanglos ab. Am 9. Januar bestätigt ihn Papen darin. Und lügt: Noch am selben Tag sucht er Hindenburg auf, um ihm mitzuteilen, dass Hitler nun doch bereit sei zu einer Regierungsbeteiligung, ohne selber Kanzler zu werden. Zwar ist auch das gelogen. Aber es verschafft Papen die Zustimmung des Reichspräsidenten, auf einen Sturz Schleichers hinzuarbeiten.

Sehr wahrscheinlich begreift Hitler, dass der ehrgeizige Papen ihm eine letzte Chance eröffnet hat. Am 15. Januar finden im winzigen Freistaat Lippe Landtagswahlen statt. Die NSDAP wirft alles an Rednern, Hilfstruppen, Ressourcen in den Wahlkampf, was sie hat. Das Ergebnis sind 39,5 Prozent. Nicht überwältigend – aber genug, um den NS-Propagandachef Goebbels triumphieren zu lassen: „Die

Lawine der Volkserhebung ist aufs Neue ins Rollen gekommen."

In Wahrheit geht der Partei aber nun das Geld aus, und SA-Führer zweifeln an Hitlers Strategie. Eine interne Analyse zeigt, dass die Wahlerfolge in Zukunft eher abnehmen werden. Dennoch pokert Hitler weiter. Unter Hinweis auf seinen Wahlsieg in Lippe fordert er von Papen abermals die Kanzlerschaft – aber nur zwei weitere Kabinettsposten.

Am Abend des 22. Januar 1933 stehlen sich zwei Männer aus dem Berliner Opernhaus: Hindenburgs Sohn Oskar und Otto Meißner, Staatssekretär im Präsidialamt. Ein Taxi bringt sie nach Dahlem. Dort treffen sie in einer Villa Papen und Hitler.

Papen hat sich inzwischen mit einem Kabinett Hitler abgefunden. Er glaubt den NS-Führer auch als Vizekanzler beherrschen zu können, dank seiner Nähe zu Hindenburg. Den müssen jetzt nur noch dessen engste Vertraute – sein Sohn Oskar und Otto Meißner – vom Widerwillen gegen Hitler abbringen.

Während der Taxifahrt zurück zeigt sich der junge Hindenburg von Hitler beeindruckt.

Umgekehrt urteilt Hitler über Oskar: „Ein seltenes Abbild von Doofheit."

Am Morgen schlägt Papen dem Präsidenten vor, Hitler zum Kanzler zu ernennen. Doch der will nach wie vor nicht. Er misstraut Hitler. Je eher Schleicher geht, desto besser. Doch dafür soll Papen wiederkommen.

Endlich gibt Schleicher auf, am 28. Januar 1933 reicht er seinen Rücktritt ein. Die letzte Amtshandlung seines Kabinetts besteht darin, ein wirksames Arbeitsbeschaffungsprogramm zu verabschieden – den Lohn wird ein anderer ernten.

Derweil wirbt Papen unter konservativen Politikern für eine Beteiligung an einem Kabinett Hitler. Der entscheidende Mann ist DNVP-Chef Hugenberg, der Hitler verachtet und zugleich fürchtet.

Hugenberg reizt die Aussicht auf einige Ministerposten für seine Partei. Doch Hitlers zentrale Bedingung ist für ihn nicht akzeptabel: sofortige Auflösung des Parlaments und Neuwahlen (in denen, so Hitlers Kalkül, die NSDAP auf Regierungsressourcen zugreifen und seinen Amtsbonus ausspielen könnte).

Papen umgeht das Problem, indem er diese Bedingung Hitlers heimlich annimmt – und Hugenberg darüber im Unklaren lässt. Am Nachmittag des 29. Januar sind die Konservativen gewonnen. „Wir rahmen also Hitler ein", beruhigt Hugenberg seine Kollegen.

Abends legt Papen dem Reichspräsidenten eine Liste mit Ministern vor. Hindenburg, dem sein Sohn und Meißner zugeredet haben, zeigt sich nun bereit, Hitler als Chef einer konservativ dominierten Regierung zu ernennen. Die Vereidigung wird für den nächsten Tag um 11.00 Uhr angesetzt.

Am Montag, dem 30. Januar, versammeln sich die Koalitionäre in Papens Wohnung. Gegen 10.45 Uhr führt er sie ins Reichskanzlerpalais, um Hindenburg zu treffen. Doch kaum erreichen sie Meißners Büro im Erdgeschoss, verlangt Hitler abermals von Hugenberg dessen Zustimmung zu Neuwahlen.

Der aber lehnt kategorisch ab. Die beiden Männer streiten, der Termin der Ernennung verstreicht. Papens Konstrukt droht zusammenzufallen. Staatssekretär Meißner kommt hinzu, mahnt, den Reichspräsidenten nicht länger warten zu lassen. Endlich lenkt Hugenberg ein – aus Respekt vor Hindenburg.

Um die Mittagszeit leistet Adolf Hitler den Eid auf die Weimarer Verfassung. Der Radaupolitiker ist nun Reichskanzler.

Der Sohn eines kleinen österreichischen Beamten, ein Schulversager und haltlos verkrachter Künstler, ein unauffälliger Soldat, gescheiterter Putschist und sozialer Außenseiter mit deutlich neurotischen Zügen regiert nun das Deutsche Reich.

Schon Zeitgenossen wittern hinter dieser Unfassbarkeit eine Verschwörung: Für Kommunisten und Sozialdemokraten ist ausgemacht, dass Hitler ein „Mietling" des Großkapitals ist – tatsächlich jedoch arrangieren sich Industrie und Finanzwirtschaft nur langsam mit dem unheimlichen Agitator, unterstützen anfangs lieber konventionelle Rechtsparteien als die NSDAP.

Später werden Historiker lange Linien von Bismarck, ja Luther zu Hitler ziehen, um den Nationalsozialismus mit einer Deformation der deutschen politischen Kultur zu erklären, einem obrigkeitsfrommen, überaggressiven „Sonderweg" in die Moderne. Der NSDAP-Chef selbst scheint da fast austauschbar.

Die entgegengesetzte Position nehmen jene Forscher ein, die in Hitler eine Art Dämon der deutschen Geschichte sehen.

Heute dominiert ein Bild, das die Person Adolf Hitler und die Bedingungen seines Erfolges gleichberechtigt zeigt; der Brite Ian Kershaw vertritt diesen Ansatz.

Demnach bedurfte es einer verbreiteten Demokratieverdrossenheit, des Vorkriegsnationalismus und der Niederlage, der Furcht vor dem Kommunismus (den Hitler zur „jüdischen Verschwörung" stilisiert), der Not – und seiner erst gescheiterten, dann maßlos glücksbegünstigten Biografie, um den Reichskanzler Adolf Hitler hervorzubringen.

Der 30. Januar 1933 war das Produkt historischer Konsequenz, tragischer Zufälle, von Republikfeindschaft und Leichtfertigkeit der alten Eliten – aber eben auch des Charakters und Handelns Adolf Hitlers.

Kaum ist das Kabinett vereidigt, jagen Motorradkuriere los, werden im Umland Lastwagen gechartert. Bis zum Abend zieht Goebbels 20 000 SA-Männer zusammen. Aus zahlreichen Häusern wehen Hakenkreuzfahnen. Gegen 19.00 Uhr entzünden die Parteisoldaten Fackeln und marschieren los.

Josef Goebbels plant ein pathetisches Feuerband durch die Innenstadt zum Regierungsviertel, um Hitler zu huldigen, die „Nacht des großen Wunders" zu feiern, die Stärke des NS-Chefs zu zeigen.

Reichspräsident Hindenburg zeigt sich angetan, schlägt von seinem Fenster im Regierungsviertel den Takt der Märsche mit. Auch viele Schaulustige sind begeistert, reihen sich ein – und verderben so die Szenerie geordnet vorrückender Kolonnen. Goebbels wird den Zug später besser choreografiert und ausgeleuchtet nachstellen lassen, um die entsprechenden Fotos zu erhalten.

Während die Sieger sich in einen förmlichen Rausch jubeln, halten viele den exaltierten Umzug für einen grotesken Spuk, der bald vorüber sein wird.

Aus guten Gründen: Nichts qualifiziert diesen Kanzler zu seiner Aufgabe – wie sollte er seine Heilsversprechen je einlösen? Hitler hat ein Amt, aber seine Wählerschaft bröckelt. Selbst in der SA rumort es: Die enttäuschten Männer hatten sich die Eroberung der Macht als ein großes, gewaltsames Abrechnen ausgemalt – nicht als bürokratischen Akt und einen weiteren Paradeumzug.

Wer kühlen Kopf behält, kann zu dem Schluss kommen, dass sich am 30. Januar 1933 ein demagogisches Theatergenie zu Tode gesiegt hat. In Charlottenburg aber ruft ein Journalist republikanischen Milizionären zu: „Kameraden, habt ihr begriffen, dass heute der Zweite Weltkrieg begonnen hat?" ⬢

Dr. Mathias Mesenhöller, *Jg. 1969, ist Autor im Team von* GEO*EPOCHE.*

TRIUMPH DER

Adolf Hitler verneigt sich am 21. März 1933 in Potsdam vor Paul von Hindenburg. Die demonstrative Ehrerbietigkeit des neuen **Kanzlers** gegenüber dem Generalfeldmarschall des Ersten Weltkriegs soll die Kontinuität der NS-Herrschaft mit dem Kaiserreich demonstrieren. Doch in Wirklichkeit will der Diktator die Macht mit niemandem teilen – auch nicht mit dem greisen Reichspräsidenten

TOTENGRÄBER

Ende Januar 1933, am Tiefpunkt der ökonomischen und politischen Krise der Republik, ernennt Reichspräsident Paul von Hindenburg den NSDAP-Chef Adolf Hitler zum Kanzler einer Koalition der Rechten – in der Hoffnung, die konservativen Bündnispartner würden den radikalen Demagogen schon kontrollieren. Doch der Präsident unterschätzt Hitlers Machtinstinkt: Binnen Kurzem drängen seine Nationalsozialisten die bürgerlichen Alliierten beiseite, schaffen die von der Verfassung geschützten Grundrechte ab, verfolgen und ermorden Juden und Oppositionelle und errichten eine totalitäre Gewaltherrschaft

Bildtexte: FRANK OTTO

DER LETZTE TAG DER DEMOKRATIE

Für die meisten Deutschen ist Adolf Hitler, der am 30. Januar 1933 Kanzler wird, nur ein weiterer Regierungschef der kriselnden Republik, der fünfte in drei Jahren. Nur wenige ahnen, dass mit der Ernennung des NSDAP-Vorsitzenden eine Diktatur beginnt, die das Land in den Abgrund stoßen wird

Die Nationalsozialisten feiern Hitlers Ernennung zum Kanzler wie im Rausch: Stundenlang ziehen am Abend des 30. Januar **SA- und SS-Trupps** durch das Regierungsviertel Berlins, bejubelt von zahllosen Passanten

Tausende uniformierte Nationalsozialisten marschieren mit Fackeln durch das Brandenburger Tor. Der jüdische Maler Max Liebermann kommentiert: »Ich kann gar nicht so viel fressen, wie ich kotzen möchte« (für einen **Propagandafilm** später nachgestellte Szene)

Noch gibt sich die **NS-Führung**, die hier am 30. Januar 1933 für den Fotografen posiert, bürgerlich und zivil: Propagandachef Joseph Goebbels (5. v. l.) und rechts neben ihm Hitler, der SA-Anführer Ernst Röhm und der bisherige Reichstagspräsident Hermann Göring sowie alle anderen mit Schlips und Kragen. Nur Heinrich Himmler, der Sicherheitschef der NSDAP, trägt die schwarze Uniform der SS

Kurz nach 21.00 Uhr wird das **Feuer** entdeckt, rasch brennt das Parlament lichterloh. Hitler ist überzeugt: Es war ein Anschlag der Kommunisten. Und befiehlt: »Wir müssen diese Mörderpest mit eiserner Faust vernichten!«

Ausgebrannter **Plenarsaal** des Reichstags. Bereits am Tag nach dem Feuer verfasst die NS-Führung eine Notverordnung, die elementare Grundrechte aufhebt: Die Meinungs- und die Versammlungsfreiheit gelten nicht mehr, jedermann kann ohne Anklage verhaftet, jede Partei und jede Zeitung von der Regierung verboten werden

DIE REPUBLIK IN FLAMMEN

Am Abend des 27. Februar 1933 brennt das Berliner Reichstagsgebäude lichterloh. Wahrscheinlich hat ein niederländischer Anarchist das Feuer gelegt, ein Einzeltäter. Doch die NS-Führung macht eine kommunistische Verschwörung verantwortlich – und nutzt entschlossen den Brand, um ihre politischen Gegner zu vernichten, die Demokratie zu zerstören und eine Diktatur zu errichten

In den Wochen nach dem Brand verhaften NS-Schergen Zehntausende **politische Gegner** und verschleppen sie in Folterkeller der SA oder in Konzentrationslager wie hier in Oranienburg, nur wenige Kilometer von Berlin entfernt

Eingang zum KZ Oranienburg, dem ersten **Konzentrationslager** in Preußen. 3000 Häftlinge, vor allem prominente Politiker der Linken, Intellektuelle und Künstler werden hier gequält und müssen Zwangsarbeit bis zur völligen Erschöpfung leisten

Vielerorts verbrennen wie hier in Hamburg im Mai 1933 Studenten **Bücher** angeblich »undeutscher« Autoren, auch von Juden wie Heinrich Heine, Kurt Tucholsky und Lion Feuchtwanger

1. April 1933: Überall im Reich postieren sich SA- und SS-Männer vor Geschäften, deren Inhaber Juden sind. Der **Boykott** wird von der NS-Führung zentral gesteuert (Lebensmittelladen in Berlin)

Auf Boykott und beschmierte **Schaufenster** wie hier in Berlin folgen kurz darauf Gesetze, die Juden zu Menschen minderen Rechts machen und aus immer mehr Berufen vertreiben

DIE SYSTEMATIK DES HASSES

Die Nationalsozialisten konzentrieren ihren Terror zunächst auf ihre politischen Gegner. Doch die Politik der fanatischen Antisemiten zielt von Anfang an auch auf die rasche Ausgrenzung der Juden aus allen Gesellschafts- und Lebensbereichen: durch Boykotte, diskriminierende Gesetze und offene Gewalt

Mit Hitlers Machtübernahme wird sein Judenhass zur Staatsdoktrin. Propagandafilme, Hetzschriften und scheinwissenschaftliche Handbücher zur **Rassenkunde** (o.) verbreiten von nun an offiziell die Lehre von der vermeintlichen Überlegenheit der Arier über die jüdischen »Untermenschen« – das ist nichts anderes als die Vorbereitung des Massenmordes

MORD UNTER FREUNDEN

Im Frühjahr 1934 stürzen innere Machtkämpfe, Intrigen und wachsender Unmut der Bevölkerung das noch ungefestigte NS-Regime in eine Krise. Vor allem die SA – die vier Millionen Mann zählende paramilitärische »Sturmabteilung« der Partei – gefährdet mit ihrer Forderung nach einer radikalen sozialen Umgestaltung Hitlers Herrschaft. Daraufhin schlägt der Kanzler zu: Unter dem Vorwand, einen angeblichen Putsch zu vereiteln, lässt er die gesamte SA-Führung umbringen

Adolf Hitler und SA-Chef **Ernst Röhm** sind Duzfreunde. Beim NSDAP-Parteitag im September 1933 tritt Röhm als prominentester NS-Führer neben dem Reichskanzler auf. Doch knapp zehn Monate später, am 1. Juli 1934, lässt Hitler seinen alten Kampfgefährten – Parteimitglied seit Gründung der NSDAP und Beteiligter am Aufstandsversuch in München 1923 – kaltblütig erschießen

TRIUMPH DER PROPAGANDA

Jahrelang wettern die Nationalsozialisten gegen Olympia – nach ihrer Machtübernahme aber investieren sie ungeheuer viel Geld in die Ausrichtung der Spiele. Das Sportfest soll die Welt für den NS-Staat einnehmen. Dafür verzichtet das Regime einige Monate lang auf Übergriffe gegen Juden, nominiert »nichtarische« Sportler – und muss am Ende zusehen, wie die Siege schwarzer Athleten das deutsche Publikum begeistern

Von Beginn an sind die Spiele als Propagandaspektakel geplant: So lassen die Nationalsozialisten erstmals **Fackelläufer** die olympische Flamme nach Berlin tragen – um die Deutschen als wahre Erben der antiken Hellenen zu feiern

Im Auftrag der NS-Führung soll die Regisseurin **Leni Riefenstahl** (M.) einen Film über die Spiele drehen. Gut 40 Kameraleute fangen alle Entscheidungen ein – so auch den Sieg des schwarzen US-Sprinters Archie Williams im 400-Meter-Lauf. Hitler verweigert ihm, wie allen Afroamerikanern, die Gratulation: »Die Amerikaner sollten sich schämen, dass sie sich ihre Medaillen von Negern gewinnen lassen«

DIE UNIFORMIERTE GESELLSCHAFT

Indoktrination ist eine tragende Säule des »Dritten Reichs«, wie die Nationalsozialisten ihren neuen Staat nennen – als legitimen Erben des Heiligen Römischen und des Bismarckreichs. Sie soll aus den Deutschen glühende Anhänger Adolf Hitlers machen, der als »Heilsbringer« und »Erlöser« angepriesen wird. Und aus Menschen unterschiedlicher Herkunft, Bildung und Berufe eine klassenübergreifende und ethnisch homogene »Volksgemeinschaft«, in der soziale Differenzen bedeutungslos sind

»Schönheit und Freude« heißt die Parole dieser **NS-Parade**, die 1938 durch die Hamburger Innenstadt zieht. Die Ritterkostüme und Holzschwerter der Männer sollen von der Tapferkeit und Stärke des deutschen Volkes zeugen – ein Jahr bevor das Regime den Zweiten Weltkrieg entfesselt

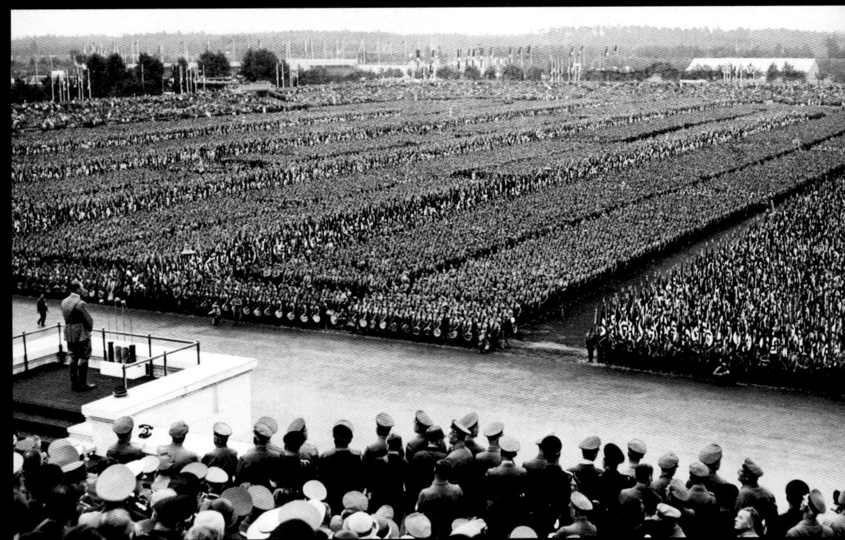

Allein die NSDAP ist die »Trägerin des deutschen Staatsgedankens«, alle anderen Parteien werden verboten (Aufmarsch auf dem **Nürnberger Parteitagsgelände**)

Die NS-Führung fördert Blut-und-Boden-Kitsch und heroische Darstellungen, wie sie hier Hitler und sein Gefolge auf einer **Kunstausstellung** in München betrachten. Denn Aufgabe der Kunst im Dritten Reich ist es, die Überlegenheit des »arischen Herrenvolkes« zu demonstrieren

Propagandaminister Joseph Goebbels (mit Hut) lässt 1937 all jene Werke der Moderne in einer Ausstellung als **»entartete Kunst«** schmähen, die nicht der offiziellen NS-Ästhetik entsprechen, weil sie »krank«, »undeutsch« oder »jüdisch-bolschewistisch« seien

DER BETRUG VON MÜNCHEN

Immer offener zeigt die NS-Führung ihre Expansionsabsichten – und den Willen, die Bestimmungen des Versailler Vertrags zu missachten. 1935 führt Deutschland verbotenerweise die Wehrpflicht wieder ein, im Jahr darauf folgt die militärische Besetzung des Rheinlandes, 1938 der sogenannte Anschluss Österreichs sowie die Annexion des tschechoslowakischen Sudetengebietes. Die Westmächte lassen Hitler gewähren, weil sie die neue militärische Stärke des Deutschen Reichs fürchten. Und weil sie die Skrupellosigkeit des Diktators unterschätzen

Weil die sudetendeutsche Minderheit in der Tschechoslowakei angeblich diskriminiert wird, droht Hitler 1938 mit einer Invasion. Der britische Premier Neville Chamberlain (2. v. l.) und sein französischer Kollege Édouard Daladier (4. v. l.) versuchen, den drohenden Krieg unter Vermittlung des italienischen Diktators Benito Mussolini (3. v. r.) auf einer Münchner Konferenz abzuwenden. Und überlassen Adolf Hitler das Sudetenland

Bereits am Tag nach dem Abschluss des Münchner Abkommens schafft das NS-Regime Tatsachen: Am 1. Oktober 1938 überschreiten Einheiten der Wehrmacht die Grenze zur Tschechoslowakei und nehmen das Sudetengebiet in Besitz. Die Proteste der Regierung in Prag ignorieren London und Paris. Dort glaubt man Hitlers Beteuerung, damit sei seine letzte territoriale Forderung erfüllt. Eine Lüge, wie sich bald zeigen wird

Eine Nacht im November

Am 9. November 1938 eskaliert die seit Jahren andauernde antisemitische Diskriminierung zu blanker Gewalt. In einem Pogrom lässt das NS-Regime jüdische Gotteshäuser und Geschäfte verwüsten. Schlägertrupps misshandeln Zehntausende Menschen, Hunderte sterben. Es ist der Auftakt zum größten Völkermord in der Geschichte der Menschheit —— Text: CONSTANZE KINDEL

In den Stunden vom 9. auf den 10. November 1938 geht das Deutsche Reich von der Verfolgung der Juden über zu ihrer existenziellen Vernichtung. Zum ersten Mal agiert das NS-Regime als Drahtzieher eines landesweiten Pogroms. Und der Terror dieser Nacht ist nur der Anfang.

Schon ein Jahr zuvor hat der NSDAP-Sicherheitsdienst vom „Volkszorn" geschürte Ausschreitungen als effektivstes Mittel empfohlen, um der jüdischen Bevölkerung ihre Existenzgrundlage zu nehmen und die „Entjudung" Deutschlands weiter voranzutreiben.

Der Kampf gegen die „Judenrasse" ist längst Staatsdoktrin, hat dem in der Bevölkerung schon vorher verbreiteten Antisemitismus eine zerstörerische Wucht verliehen.

Mit immer neuen, immer schärferen Maßnahmen versucht das Regime, die jüdische Bevölkerung aus dem Land zu drängen.

Es isoliert sie sozial, schließt sie vom öffentlichen Leben aus, drangsaliert sie. Es bringt sie um ihren Besitz, verdrängt sie aus dem Wirtschaftsleben, um sie zur Emigration aus schierer existenzieller Not zu zwingen.

Das Eigentum der Verfolgten soll dabei zu einem möglichst niedrigen Preis an nichtjüdische Deutsche (nach der NS-Rassenideologie: „Arier") übergehen.

Diese „Arisierung" ist von Beginn an zentraler Teil der antisemitischen Politik. Die Juden sollen aus dem Wirtschaftsleben gedrängt werden: mit Berufsverboten und der Schließung oder Übernahme jüdischer Betriebe. Und schon bevor die Regierung den Raub jüdischen Besitzes per Gesetz umfassend regelt, werden jüdische Unternehmer massiv unter Druck gesetzt.

Um sie zur Aufgabe zu bewegen, bedrohen in vielen Städten bereits im März 1933 SA-Trupps Kunden vor Geschäften jüdischer Besitzer, nimmt das Wirtschaftsministerium Einfluss auf die Vergabe von Bankkrediten, untersagt der Kriegsminister den Soldaten, in jüdischen Betrieben einzukaufen, werden jüdische Händler willkürlich vom Verkauf bestimmter Waren ausgeschlossen.

Nur wenige Wochen nach dem Machtantritt lässt Adolf Hitler am 1. April 1933 den ersten landesweiten Boykott gegen jüdische Firmen organisieren. Tage später ergeht das „Gesetz zur Wiederherstellung des Berufsbeamtentums", das Juden von der Tätigkeit im öffentlichen Dienst ausschließt – das erste einer Reihe von Gesetzen mit „Arierparagraf".

In den nächsten Jahren werden immer neue Berufsverbote folgen, für Journalisten, Steuerberater, Zahntechniker oder Tierärzte.

Der Bremer Kaufmann Heinrich Bialystock und seine Ehefrau Franja gehören zu denen, die glauben, dass Hitler sich nicht lange halten wird: zwei, drei Jahre, dann ist es mit dem Nationalsozialismus wieder vorbei.

Sie führen ein Herrenkonfektionsgeschäft in bester Lage. Die Familie wohnt mit den Kindern Martin, Jahrgang 1923, und Miriam, geboren 1929, über dem Laden in einer Vierzimmerwohnung.

Das Geschäft läuft gut in der Großstadt Bremen, sehr gut sogar. Wäre der Geschäftsmann Heinrich Bialystock weniger erfolgreich, hätte er vielleicht längst die Koffer gepackt – so wie seine Eltern und Geschwister, die in Deutschland keine Zukunft mehr gesehen haben und in die Niederlande emigriert sind.

Viel schwerer als die wirtschaftliche Diskriminierung wiegt für die Familie in diesen Jahren die soziale Ausgrenzung. Als die Nationalsozialisten 1933 die Macht übernehmen, leben in Bremen nur 1314 Bürger jüdischen Glaubens. Die Gemeinde hat anders als die in Städten wie Köln oder Mainz keine lange Tradition, erst 1896 hat der erste Rabbiner in Bremen sein Amt angetreten.

Martin ist der einzige jüdische Schüler in seiner Realschulklasse. Er muss in der letzten Reihe sitzen, manche Mitschüler kommen in der Uniform der Hitler-Jugend zum Unterricht. Viele Freunde brechen den Kontakt ab.

Kurz nach seiner Bar-Mizwa – mit der jeder jüdische Junge im Alter von 13 Jahren die religiöse Mündigkeit erlangt – schicken ihn die Eltern auf eine jüdische Realschule in Frankfurt am Main.

Für den Sohn ändert das nur wenig. Hier wie dort hängt an den Kiosken der „Stürmer" aus, das nationalsozialistische Hetzblatt, hier wie dort will er im Boden verschwinden, wenn die SA in Kolonnen durchs Stadtzentrum marschiert und singt: „Wenn das Judenblut vom Messer spritzt". Doch über Sorgen und Politik wird im Hause Bialystock nicht gesprochen, aus Prinzip. Die Eltern wollen die Kinder mit Schweigen schonen.

Mitte Juni 1938, kurz nachdem Martin Bialystock die Schule endgültig aufgegeben hat und nach Bremen zurückgekehrt ist, nimmt die Polizei in einer landesweiten Aktion 10 000 Menschen fest, die das Regime als angeblich „arbeitsscheu und asozial" einstuft, und verschleppt sie in Konzentrationslager. Unter ihnen sind 1500 Juden.

Auch Heinrich Bialystock kommt in das Konzentrationslager Sachsenhausen bei Oranienburg – in „Schutzhaft".

Darunter verstehen die nationalsozialistischen Behörden eine Einkerkerung von unbegrenzter Dauer, die von der Polizei ohne

Schon bald nach dem Machtantritt der NSDAP ist es zu antisemitischen Ausschreitungen gekommen. Später unterband Adolf Hitler vorübergehend weitere gewaltsame Aktionen, um Deutschlands Ansehen im Ausland nicht zu schaden. Doch am 9. November 1938 ordnet er die Zerstörung von Synagogen an. Auch das jüdische Gotteshaus in Hannover geht in Flammen auf

Überprüfung durch ein Gericht angeordnet werden kann: angeblich zum Schutz der Gesellschaft vor den Festgenommenen oder zum Schutz der Festgenommenen selbst.

Mit Hilfe eines Rechtsanwalts gelingt es Franja Bialystock, die Freilassung ihres Mannes zu erkämpfen – unter der Bedingung, dass er Deutschland binnen 48 Stunden verlässt.

Am 24. Juni reist Heinrich Bialystock mit einem Besuchervisum in die Niederlande, wo seine Eltern und einige Geschwister leben, dann weiter ins belgische Antwerpen.

Seine Frau und die Kinder wollen Deutschland nun ebenfalls so bald wie möglich verlassen. Die Familie plant die Emigration in die USA, wo ein Onkel wohnt, von dem sie auch die zur Einreise erforderliche Bürgschaftserklärung erhalten.

Aber das Regime zwingt alle jüdischen Emigranten, ihre Flucht mit großen Teilen ihres Vermögens zu bezahlen. Einen Pass erhält nur, wer sämtliche angebliche „Steuerschulden" an das Reich beglichen hat.

Schon 1934 hat das Finanzministerium die „Reichsfluchtsteuer" – ursprünglich 1931 von der Regierung Brüning eingeführt, um die Kapitalflucht zu bekämpfen – durch drastische Senkung der Freibeträge zu einer antijüdischen Sondersteuer umfunktioniert.

Auswanderer müssen 25 Prozent ihres steuerpflichtigen Vermögens an den Staat abgeben, der so allein in den ersten beiden Jahren 153 Millionen Reichsmark einnimmt.

Beim Devisentransfer ins Ausland ist zudem eine Abschlagszahlung an die staatliche Deutsche Golddiskontbank fällig, die im August 1934 bei 65 Prozent der Überweisungssumme liegt (bis September 1939 steigt sie sogar auf 96 Prozent der Summe).

Viele Verfolgte zögern deshalb mit ihren Auswanderungsplänen. Von den gut 500 000 Juden deutscher Staatsangehörigkeit, die Anfang 1933 im Reich lebten, verlassen bis zum Herbst 1938 knapp 160 000 das Land.

Auch die Familie Bialystock kann ihre Auswanderung nur mit dem Verkauf ihres Hauses finanzieren. Franja beginnt mit der Auflösung des Ladens. Auf angemessene Preise können jüdische Verkäufer aber nicht mehr hoffen. Seit 1936 kontrollieren „NS-Gauwirtschaftsberater" den Zwangsverkauf von jüdischem Eigentum und drücken systematisch die Preise – etwa dadurch, dass sie keine Zahlungen mehr für den „Goodwill" genehmigen, den immateriellen Firmenwert, der unter anderem Marktposition und Kundenstamm einschließt.

Seit April 1938 ist der Verkauf zudem von kommunalen Behörden zu genehmigen, bei denen Juden jedes Vermögen von mehr als 5000 Reichsmark anmelden müssen.

Der Würzburger Kohlenhändlersohn Josef Neckermann, der später zum stellvertretenden „Reichsbeauftragten für Kleidung und verwandte Gebiete" aufsteigen wird, begründet in dieser Zeit mit Arisierungskäufen sein späteres Versandhausimperium.

Schon 1935 hat ihm ein jüdischer Unternehmer ein Textilkaufhaus und einen Billigmarkt auf Druck der Dresdner Bank wohl

1913 wurde die imposante Essener Synagoge eingeweiht: als Ausdruck jüdischen Selbstbewusstseins und des Wunsches nach Anerkennung in Deutschland. 25 Jahre später brennt sie vollständig aus

weit unter dem Marktwert verkauft (zumindest wird Neckermann später behaupten, das Geldinstitut habe dem Vorbesitzer den Kreditrahmen gekündigt).

Auch für das Eigentum der Familie Bialystock findet sich schnell ein Kaufinteressent: Die Firma C&A Brenninkmeyer will das Haus erwerben. Im August 1938 akzeptiert Franja Bialystock ihr Angebot, das gut 25 Prozent unter ihrer Preisforderung liegt. Anfang September unterzeichnet sie den Kaufvertrag – und anschließend einen Mietvertrag für ihre eigene Wohnung in dem Haus. Ihre Bitte, die Familie bis zu ihrer Ausreise mietfrei wohnen zu lassen, wird abgelehnt.

Ende Oktober 1938 lässt das Regime in Deutschland mehr als 12 000 Juden polnischer Staatsangehörigkeit verhaften und ins deutsch-polnische Grenzgebiet deportieren – nur wenige Tage bevor ihre Pässe die Gültigkeit verlieren, weil Polens Regierung allen seit mehr als fünf Jahren im Ausland Ansässigen die Staatsbürgerschaft entziehen will.

Als die Führung in Warschau den Menschen dennoch die Einreise verweigert, bleiben sie obdachlos im Niemandsland zurück, bis man sie schließlich auf polnischem Gebiet in ehemaligen Militärbaracken und Pferdeställen interniert. Unter ihnen sind auch das Ehepaar Sendel und Rifka Grynszpan sowie deren zwei erwachsene Kinder. Die Eheleute sind 1911 nach Hannover gekommen, um antijüdischen Pogromen in ihrer Heimat zu entgehen. Ihr jüngster Sohn Herschel lebt illegal bei einem Onkel in Paris.

Am Morgen des 7. November 1938 betritt der 17-jährige Herschel die deutsche Botschaft in der Rue de Lille 78. Im Innenhof begegnet er der Frau des Pförtners: Er habe ein wichtiges Dokument abzugeben und wünsche einen Sekretär der Botschaft zu sprechen.

Wenige Minuten später liegt der 29-jährige Legationssekretär Ernst vom Rath schwer verwundet vor seinem Büro. Herschel Grynszpan wirft den am Morgen gekauften Revolver weg und lässt sich festnehmen.

Als Motiv gibt er an: „Ich handelte aus Liebe zu meinen Eltern und zu meinem Volk, die ungerechterweise einer unerhörten Behandlung ausgesetzt wurden. Es ist schließlich kein Verbrechen, Jude zu sein."

Jahre später, kurz bevor der geplante Schauprozess gegen ihn beginnen soll, wird er bei einer Vernehmung behaupten, er habe ein homosexuelles Verhältnis mit Ernst vom Rath gehabt – eine Aussage, die wohl nicht nur seiner Verteidigung dienen soll, sondern auch verhindert, dass das Regime die Verhandlung gegen ihn für Propagandazwecke ausschlachten kann. (Zu dem Prozess kommt es nie. Grynszpans Schicksal ist bis heute ungeklärt, vermutlich stirbt er 1942 im KZ Sachsenhausen.)

Am Mittag des 7. November 1938 gibt das Deutsche Nachrichtenbüro eine Eilmeldung heraus: „Frecher jüdischer Überfall in der deutschen Botschaft in Paris". Das Reichspropagandaministerium weist die Zeitungen an, die Geschichte solle am nächsten Tag „die erste Seite voll beherrschen".

Hitler schickt seinen Begleitarzt Karl Brandt nach Paris, um die Behandlung des Schwerverletzten zu überwachen. Und in der jüdischen Bevölkerung in Deutschland geht nun die Angst um.

Fast drei Jahre zuvor hat es schon einmal ein Attentat aus Protest gegen die deutsche Judenpolitik gegeben. Am 4. Februar 1936 erschoss der Medizinstudent David Frankfurter den Schweizer NSDAP-Landesgruppenleiter Wilhelm Gustloff in dessen Wohnung in Davos. Schon damals wünschte sich Propagandaminister Joseph Goebbels „größere Aktionen" gegen die Juden, aber zwei Tage vor Beginn der Olympischen Winterspiele in Garmisch-Partenkirchen waren öffentlichkeitswirksame Racheakte ausgeschlossen.

Die ersten antisemitischen Gewaltaktionen organisieren am Abend des 7. November 1938 örtliche Parteifunktionäre in den Regionen Magdeburg und Kassel: Bis zum nächsten Tag zündet ein aufgehetzter Mob Gotteshäuser an, überfällt Juden in ihren Wohnungen und Geschäften.

Am Morgen des 9. November notiert Goebbels in seinem Tagebuch: „Die Synagogen werden niedergebrannt. Wenn man jetzt den Volkszorn einmal loslassen könnte!" In Paris ringt an diesem Vormittag der schwer verletzte Ernst vom Rath mit dem Tod.

Einige Stunden später erhält Goebbels einen Anruf aus Paris: Vom Rath sei um 16.30 Uhr seiner Schussverletzung erlegen.

Sofort informiert er Adolf Hitler über den Tod des Diplomaten sowie über neue Ausschreitungen in den Gauen Kurhessen und Magdeburg-Anhalt am Nachmittag.

Hitler, so notiert Goebbels später, „bestimmt: Demonstrationen weiterlaufen lassen. Polizei zurückziehen. Die Juden sollen einmal den Volkszorn zu verspüren bekommen."

Schon ab 19 Uhr misshandeln Schlägertrupps auch in weiteren Städten des Reiches ihre jüdischen Nachbarn.

Am späten Abend hält Goebbels in München eine kurze Rede vor Parteifunktionären. Das Oberste NSDAP-Parteigericht, das später die Ereignisse dieser Nacht untersucht, um von Parteimitgliedern begangene Morde und andere Straftaten der öffentlichen Justiz zu entziehen, wird feststellen, die versammelten Parteigenossen hätten Goebbels' Worte so aufgefasst, „dass nun für das Blut des Pg. vom Rath Judenblut fließen müsse".

Weiterhin erkennt das Gericht, „dass die Partei nach außen nicht als Urheber der Demonstrationen in Erscheinung treten, sie in Wirklichkeit aber organisieren und durchführen sollte: Wenn in einer Nacht sämtliche Synagogen abbrennen, so muss das irgendwie organisiert sein und kann nur organisiert sein von der Partei."

Unter den Zuhörern bricht nach der Rede von Goebbels Hektik aus. „Alles saust gleich an die Telefone", vermerkt der Minister zufrieden in seinem Tagebuch. „Nun wird das Volk handeln." Viele der versammelten Funktionäre setzen fernmündlich die Schlägertrupps in ihren Heimatorten in Bewegung.

Zu ihnen gehört auch Bremens Bürgermeister Johann Heinrich Böhmcker, Anführer der SA-Gruppe Nordsee. Er ruft seinen Stabsführer in der Hansestadt an. Der notiert die Anweisungen seines Vorgesetzten: „Sämtliche jüdischen Geschäfte sind sofort von SA-Männern zu zerstören. Jüdische Synagogen sind sofort in Brand zu stecken. Der Führer wünscht, dass die Polizei nicht eingreift."

In München nimmt Goebbels die ersten Vollzugsmeldungen in Hochstimmung entgegen: „Bravo! Bravo! In allen großen deutschen Städten brennen Synagogen."

Und nicht nur dort. In dieser Nacht bricht die Gewalt in Hunderten von Gemeinden los, nicht allein in Großstädten mit verhältnismäßig hohem jüdischen Bevölkerungsanteil wie Berlin oder Frankfurt am Main, sondern auch in der Provinz, in kleinen Orten, in denen häufig nicht mehr als eine Handvoll Juden leben.

In Bad Cannstatt legt der Leiter der örtlichen Feuerwehr persönlich den Brand in der Synagoge. In Dinslaken wird das jüdische Waisenhaus verwüstet, die Kinder werden in einer „Judenparade" von der SA durch die Stadt getrieben.

In Baden-Baden muss der Gemeindevorsteher in der Synagoge aus „Mein Kampf" vorlesen, die dort versammelten Juden müssen anschließend das „Horst-Wessel-Lied" auswendig lernen, die Hymne der NSDAP, und deren Text aufsagen.

In Neustadt an der Weinstraße schlagen SA-Männer mit Äxten die Tür des jüdischen Altenheims ein, verprügeln die Heiminsassen, zünden das Gebäude und die Synagoge an. Zwei 83-jährige Frauen sterben in den Flammen. In München versuchen Leiter der örtlichen Hitler-Jugend, vermögende Juden zur Ausstellung von Schecks über jeweils mehrere Tausend Reichsmark zu zwingen.

In Erfurt verschleppt die SA 180 jüdische Männer zwischen 18 und 80 Jahren in eine Turnhalle, wo einige der Eingesperrten die Leiterwände hochklettern müssen, während man von unten mit Reitpeitschen auf sie einschlägt. In Berlin fährt der Schriftsteller Erich Kästner gegen 3.00 Uhr nachts in einem Taxi über den Kurfürstendamm und sieht Männer mit Eisenstangen Schaufenster einschlagen.

„Es klang, als bestünde die ganze Stadt aus nichts wie krachendem Glas", notiert er später. „Es war eine Fahrt wie quer durch den Traum eines Wahnsinnigen."

Kurz nach Mitternacht beginnt die Zerstörung auch in Bremen. SA-Männer schlagen Schaufensterscheiben und Türen jüdischer Geschäfte ein, verwüsten die Einrichtung, bringen handgemalte Plakate an: „Vernichtet das Judentum". Die Synagoge in der Gartenstraße geht in Flammen auf. Gegen 2.00 Uhr klirren im Geschäft der Familie Bialystock die Schaufensterscheiben. Franja hastet voller Panik in die Zimmer ihrer Kinder.

Zur gleichen Zeit meldet sich Bürgermeister Böhmcker erneut aus München und befiehlt: Die Bremer Juden sind zu verhaften und in Konzentrationslager zu bringen.

Per Fernschreiben hat Reinhard Heydrich, Chef der deutschen „Sicherheitspolizei", bereits kurz zuvor angeordnet, so viele männliche Juden festzunehmen, wie in den Lagern unterzubringen sind – vor allem vermögende.

Am 10. November 1938 erlischt das jüdische Gemeindeleben in Deutschland, so wie hier in Nürnberg, wo ebenfalls die Synagoge zerstört wird

In Bremen stellt die SA Listen mit den Adressen der rund 900 jüdischen Einwohner zusammen, die im November 1938 noch in der Hansestadt leben.

Bewaffnete SA-Trupps dringen in Häuser und Wohnungen ein und zerren die Bewohner, darunter auch Frauen, auf die Straße, zerstören Mobiliar, rauben Kunstgegenstände und Schmuck. Das Altenheim an der Gröpelinger Heerstraße wird demoliert.

Straßensperren werden errichtet mit Fahrzeugkontrollen, um Juden an der Flucht zu hindern. Festgenommene fährt man auf Lastwagen zu Sammelstellen. Frauen, Kranke und Alte, darunter auch die Bewohner des Altenheims, lässt man nach Stunden gehen. 162 Männer bleiben in Haft.

In der Thedinghauser Straße in der Neustadt klopfen die Brüder Wilhelm und Ernst Behring, beide bei der SA, an das Schlafzimmerfenster des Metallgroßhändlers Heinrich Rosenblum, eines Vaters von vier Kindern. Als Rosenblum die verlangten Ausweispapiere in die Jacke zurücksteckt, schießen die SA-Männer ihm in den Hinterkopf.

In der Hohentorstraße kann der Fahrradhändler Joseph Zwienicki durch einen Hinterausgang fliehen, als die SA-Leute vor der Tür stehen. Als seine Frau Selma auf die Frage nach seinem Verbleib nicht antwortet, erschießen SA-Männer sie noch im Schlafzimmer. Im Bremer Umland ermordet die SA in dieser Nacht drei weitere Menschen.

Gegen Morgen lässt sich der SA-Standartenführer Günther Hoffmann durch die Stadt fahren, um sich einen Eindruck vom „Erfolg" der Aktion zu verschaffen.

Um 7.00 Uhr wagt sich Franja Bialystock mit ihren Kindern hinunter auf die Straße und steht vor den Trümmern ihres in der Nacht geplünderten Geschäfts.

Der Verhaftung ist die Familie bislang zwar entgangen, doch das Warenlager ist beschlagnahmt, die Registrierkasse geleert, eine Schreibmaschine, ein Fahrrad und Kontoauszüge sind gestohlen. Von der anderen Straßenseite schauen Bremer Bürger auf dem Weg zur Arbeit zu. Niemand spricht mit der Familie ein Wort.

Franja nimmt ihre Kinder und flieht zu Bekannten. Dort versteckt sie den Sohn auf dem Dachboden, vorsichtshalber, falls die Schergen der SA kommen – während draußen die in der Nacht Verhafteten durch die Stadt zum Zuchthaus Oslebshausen marschieren müssen, jeder mit einem kleinen Bündel oder einer Aktentasche in der Hand. Später werden die Juden von der Gestapo als „Schutzhäftlinge" in das KZ Sachsenhausen gebracht.

Am Mittag erstattet Goebbels Hitler beim Essen Bericht. Gegen 16.00 Uhr lässt er eine mit Hitler abgesprochene Erklärung im Radio verlesen: „Es ergeht nunmehr an die gesamte Bevölkerung die strenge Aufforderung, von allen weiteren Demonstrationen und Aktionen gegen das Judentum, gleichgültig welcher Art, sofort abzusehen."

Es ist ein Versuch der wirtschaftlichen und außenpolitischen Schadensbegrenzung – denn die Ausschreitungen dauern immer noch an.

In den Tagen nach den Ausschreitungen verschleppen die Nationalsozialisten fast 31 000 jüdische Männer in Konzentrationslager. Diese Kolonne wird durch Baden-Baden geführt

Zur Misshandlung kommt die Demütigung: Jüdische Zwangsarbeiter eines Lagers in Mainfranken müssen ein Plakat tragen, das sie verspottet

Im Laufe des Tages haben sich in vielen Orten Scharen von Jugendlichen an Angriffen auf Juden und deren Eigentum beteiligt. Manche ließ die örtliche Hitler-Jugend aufmarschieren, andere wurden von Lehrern und Direktoren begleitet, sie hatten für ihre Beteiligung am Pogrom schulfrei bekommen.

In Wyk auf Föhr lassen Lehrer ihre Klassen am Hafen Spalier stehen, als die letzten Kinder aus dem zerstörten jüdischen Erholungsheim „Haus Weinberg" in einem Motorboot von der Insel gebracht werden.

In Mannheim dürfen Schulkinder in den Trümmern der gesprengten Hauptsynagoge gegen Eintrittsgeld die unversehrt gebliebenen Ritualgegenstände besichtigen.

In Aumund bei Bremen wird am Nachmittag des 10. November die Synagoge niedergebrannt – und in der Hansestadt die Kapelle des jüdischen Friedhofs in Hastedt zerstört.

In Bremen steht die Polizei am Abend vor der Tür jener Bekannten der Familie Bialystock, zu denen Franja und die Kinder geflüchtet sind – ob zufällig oder auf Hinweis aus der Bevölkerung, ist unbekannt –, und eskortiert die Mutter zurück zum Geschäft: Die zertrümmerten Schaufenster müssten mit Holz verschlagen werden, der Ordnung im Straßenbild zuliebe, auf Rechnung der Eigentümerin, zu begleichen an Ort und Stelle.

Zwei Tage später steht die Polizei erneut vor der Tür. Diesmal muss auch der Sohn mitkommen zum jüdischen Friedhof in Hastedt, wo die jüdischen Frauen der Stadt versammelt sind. Man weist sie an, einen Kreis zu bilden.

In dessen Mitte muss Martin Bialystock mit einem anderen Jungen zwei Gräber ausheben. Als sie nach Stunden fertig sind, bringt ein Lastwagen die Leichen.

Dann begraben die zwei Jungen Selma Zwienicki und Heinrich Rosenblum.

Das Propagandaministerium setzt nach dem 9. November alles daran, das Ausmaß der Übergriffe und die Drahtzieherrolle der Partei zu vertuschen – und täuscht doch keinen.

Derart gelegen scheint dem Regime der Anlass zum Losschlagen gekommen zu sein, dass Gerüchte umgehen, die Regierung habe nicht nur das Pogrom, sondern auch die Schüsse von Paris selbst inszeniert. Es heiße, so notiert etwa die Berliner Jüdin Hertha Nathorff, bis September 1938 Leitende Ärztin am Charlottenburger Krankenhaus, der Anschlag sei „ein zweiter Reichstagsbrand, der Mann war von den Nazis selbst gedungen".

Das Schweizer Blatt „Der Bund" schreibt von „systematischen Überfällen" organisierter Gruppen. Die Zeitung druckt auch die Bekanntmachung von Josef Goebbels zum Ende des Pogroms: „Die endgültige Antwort auf das jüdische Attentat in Paris wird auf dem Wege der Gesetzgebung bzw. der Verordnung dem Judentum erteilt werden."

Zahllose Menschen sind in der Nacht auf den 10. November misshandelt worden, wahrscheinlich wurden mehrere Hundert ermordet oder in den Suizid getrieben. Etwa 8000 jüdische Geschäfte wurden zerstört, rund 1400 Synagogen und Betstuben in Brand gesteckt oder verwüstet.

In den Tagen danach bringen NS-Schergen 30 756 jüdische Männer in die Konzentrationslager Dachau, Buchenwald und Sachsenhausen. Mehr als 1000 von ihnen sterben in den kommenden Wochen und Monaten.

Die NS-Führung aber beschließt, die Verfolgung der Juden in Zukunft wieder bürokratisch zu betreiben, scheinbar nach Recht und Gesetz. Weniger öffentlich will sie Raub und Entrechtung fortan organisieren, dafür geregelter – und noch radikaler.

Die Enteignungen werden nun beschleunigt, der Druck auf die jüdische Bevölkerung wird erhöht, um die Emigration voranzutreiben. Dies ist der nächste Schritt in einer antijüdischen Politik, die das Regime nie systematisch und langfristig geplant, aber über die Jahre stetig verschärft hat.

Am 12. November ruft Hermann Göring – der Beauftragte für jenen „Vierjahresplan", der die Wirtschaft des Reiches kriegsfähig machen soll – in Berlin mehr als 100 Regierungs- und Parteifunktionäre zu einer Besprechung zusammen. Auf Anordnung Hitlers sei die „Judenfrage zur Erledigung zu bringen".

Als Goebbels und Hitler am Abend des 9. November das Pogrom in Gang setzten, saß Göring gerade im Zug nach Berlin. Nun tobt er: „Ich habe diese Demonstrationen satt, sie schädigen nicht die Juden, sondern schließlich mich, der ich die Wirtschaft als letzte Instanz zusammenzufassen habe."

Und er fährt fort: „Mir wäre lieber gewesen, ihr hättet 200 Juden erschlagen und nicht solche Werte vernichtet."

Allein die Glasschäden schätzt der zu diesem Treffen eigens eingeladene Repräsentant der Versicherungswirtschaft Eduard Hilgard, Vorstandsmitglied der Allianz, auf sechs Millionen Reichsmark. Hilgard will für die Schäden der jüdischen Kunden aufkommen, um die internationalen Geschäfte nicht zu gefährden: Unbezahlte Forderungen wären ein „schwarzer Fleck auf dem Ehrenschild der deutschen Versicherung".

Göring aber sieht einen Weg, ohne Ansehensverlust für die Versicherungswirtschaft die jüdischen Unternehmer zu schädigen und zugleich die Staatskasse zu füllen: Die Versicherungen zahlen zwar – doch der Staat beschlagnahmt sofort die Auszahlungssumme.

Auch in Österreich werden Juden von NS-Schergen zu erniedrigenden Arbeiten gezwungen: Hier in Wien müssen Männer und Frauen auf Knien Parolen für die Unabhängigkeit Österreichs von der Straße waschen

An diesem 12. November erlässt er gleich drei weitreichende Verordnungen. Wegen ihrer angeblich „feindlichen Haltung" gegenüber Deutschland, „die auch vor feigen Mordtaten nicht zurückschreckt", wird den deutschen Juden eine Kollektivstrafe von einer Milliarde Reichsmark auferlegt.

Jedes jüdische Ehepaar, jeder alleinstehende Jude muss zu diesem Zweck bis August 1939 in vier Raten 20 Prozent seines Vermögens an den Staat abführen.

Die zweite Verordnung „zur Wiederherstellung des Straßenbildes bei jüdischen Gewerbebetrieben" vom selben Tag verfügt darüber hinaus, dass die Beseitigung aller durch die Pogrome an Gebäuden entstandenen Schäden sofort und auf Kosten der Besitzer zu erfolgen habe. Alle Versicherungsansprüche werden vom Reich eingezogen.

Das allein würde ausreichen, um viele jüdische Geschäfte in den Ruin zu treiben. Die Existenz zahlloser anderer vernichtet schließlich die dritte Verordnung „zur Ausschaltung der Juden aus dem deutschen Wirtschaftsleben", die Juden den Besitz von Einzelhandelsgeschäften und Handwerksbetrieben vom 1. Januar 1939 an untersagt.

Ungezählte Juden begehen in den Tagen nach dem Pogrom Suizid. Sie drehen in ihren Wohnungen den Gashahn auf, sie springen aus dem Fenster, sie nehmen Schlafmittel.

In München trägt die Polizei im „Selbstmörderverzeichnis" als Motive ein: „Angeblich die Maßnahmen gegen die Juden"; „Vermutlich wirtschaftliche Not"; „Vermutlich wegen Aufgabe des Geschäfts".

Einige Wochen später zwingt eine neue Verordnung auch jüdische Unternehmer aller anderen Branchen zur Aufgabe. Den Inhabern von Gewerbebetrieben etwa kann nun „aufgegeben werden, den Betrieb binnen einer bestimmten Frist zu veräußern oder abzuwickeln", wenn es sein muss durch einen behördlich eingesetzten Treuhänder.

Auch zum Verkauf von Grundeigentum können Juden nun gezwungen werden. Über Aktien und Wertpapiere dürfen sie nur noch mit staatlicher Genehmigung verfügen, Juwelen, Schmuck und Kunstgegenstände nur noch an reichseigene Ankaufsstellen veräußern – meist für einen Bruchteil des Werts. Von den ehemals rund 100 000 jüdischen Betrieben in Deutschland gibt es zu diesem Zeitpunkt vermutlich nur noch weniger als 40 000.

Es beginnt ein Wettlauf um das jüdische Vermögen. Das Propagandaministerium stimmt die Bevölkerung in den Wochen nach dem Pogrom mit einer groß angelegten Kampagne auf die hemmungslose Bereicherung ein. Zeitungen erörtern auf Anweisung des Ministeriums das angeblich kriminelle Wesen der Juden und ihren vermeintlich großen Reichtum. Im Radio widmen sich zwei neue tägliche Sendungen Themen wie „Jüdische Volksverbrecher", „Die Juden als Kriegshetzer" und „Weltverbrecher Juda".

Zahlreiche Unternehmen und Grundstücke wechseln in den folgenden Monaten den Besitzer. In Bremen werden von 86 Enteignungen im Jahr 1938 allein 56 nach dem 9. November abgewickelt, von insgesamt 247 Arisierungen von Grundstücken mehr als 100 in den knapp zehn Monaten zwischen Pogromnacht und Kriegsbeginn.

Der Anteil der Parteimitglieder unter den Käufern von jüdischem Besitz liegt in der Hansestadt bei zehn Prozent – der Rest entfällt auf ganz normale Bürger, die ihr Kaufinteresse anmelden, als die Not der Eigentümer am größten ist.

Viele jüdische Unternehmer befinden sich nach der Pogromnacht noch immer in Haft. Manche von ihnen müssen nun im Konzentrationslager ihre Unterschrift unter einen vorbereiteten Kaufvertrag setzen.

Im Februar 1939 greift das Regime erneut in den Bereicherungswettlauf ein. Bei Verkäufen, bei denen der Kaufpreis weit unter dem Verkehrswert liegt, zieht das Reich den Differenzbetrag ein – bei Betrieben zu 70, bei Grundstücken zu 100 Prozent. Im Übrigen sei darauf zu achten, schreibt der Bremer Senator für die Innere Verwaltung an die NSDAP-Kreisleitung, dass „dem Juden zur Finanzierung seiner Auswanderung gewisse Barmittel verbleiben".

Die Auswanderung ist längst zur Massenflucht geworden. Zwischen November 1938 und September 1939 verlassen fast ebenso viele Juden Deutschland wie in den ersten fünfeinhalb Jahren des NS-Regimes.

Auch in Bremen denken NSDAP-Mitglieder über eine Zukunft ohne Juden nach. Auf dem Gelände des jüdischen Friedhofs in Hastedt könne man einen Sportplatz für die SA einrichten, regen sie an, vielleicht auch einen Kinderspielplatz.

Franja Bialystock steht an einem Januartag im Jahr 1939 mit ihren beiden Kindern am Rande eines winterkahlen Feldes irgendwo im rheinischen Grenzgebiet. Ohne Gepäck und Papiere werden Martin und Miriam Deutschland verlassen – und auch ohne ihre Mutter. Die wird zurück nach Bremen fahren, um den Verkauf von Haus und Geschäft abzuwickeln und zu retten, was jetzt noch zu retten ist von ihrem Lebenswerk.

Um nicht aufzufallen, verabschieden sich die drei kaum voneinander. In schweren Wintermänteln, nicht einen Pfennig in den Taschen, machen sich die Kinder dann auf den illegalen Weg über die grüne Grenze. Nach einer halben Stunde Fußmarsch erreichen sie ein Haus auf der niederländischen Seite der Grenze, in dem sie wie vereinbart auf ihre Tante warten, mit der sie kurz darauf in deren Wohnung nach Den Haag reisen.

Die Tante nimmt Miriam bei sich auf, Martin wohnt allein in einem gemieteten Zimmer. Wenn er Den Haag verlassen will, braucht er eine Erlaubnis, zweimal täglich muss er sich bei der niederländischen Fremdenpolizei melden. Er meldet sich in einer Handwerksschule an, um Schlosser zu werden, auf Wunsch des Vaters in Antwerpen.

Martin kennt außer seinen Verwandten keinen Menschen in Den Haag. Das ändert sich erst, als er sich der Jugend-Alijah anschließt, einer jüdischen Organisation, die versucht, möglichst viele Kinder und Jugendliche aus Europa nach Palästina zu bringen.

In Bremen hat die Firma C&A endlich den Rest der Kaufpreissumme gezahlt, den sie nach der Pogromnacht einbehalten hatte, bis die Schäden an Haus und Geschäft beseitigt waren – auf Kosten der Familie Bialystock.

Die Verlängerung von Franjas Mietvertrag, um die sie wegen Verzögerungen bei ihrer Ausreise bittet, lehnt das Unternehmen ab.

Franja kauft vier Schiffstickets nach New York und verschickt den Hausrat der Familie zum Onkel nach Amerika. Von ihrer Bremer Existenz bleiben den Bialystocks am Ende nach Abzug aller Abgaben 2400 Mark.

Am 28. Februar verlässt Franja als Letzte der Familie Deutschland über die grüne Grenze nach Belgien.

Heinrich, Franja und Miriam warten nun in Antwerpen darauf, dass die USA sie einreisen lassen. Jeden Tag, heißt es, soll es so weit sein. Martin bleibt in Den Haag zurück.

Ein halbes Jahr später beginnt der Krieg; da leben im Deutschen Reich weniger als 200 000 Juden. Im Oktober 1941 wird ihnen die Auswanderung verboten, im selben Monat beginnen die Deportationen in Ghettos – die in etlichen eroberten osteuropäischen Städten eingerichtet wurden, etwa in Minsk – und von dort in Vernichtungslager.

Wenig später leitet die Regierung den letzten Akt der Enteignung ein. Im November verfügt das Innenministerium: Juden, die ihren „gewöhnlichen Aufenthalt" im Ausland haben, verlieren ihre deutsche Staatsangehörigkeit, das Vermögen der Deportierten und Emigrierten fällt an den Staat.

Im Juli 1943 ergeht schließlich die letzte „Arisierungs-Verordnung": „Nach dem Tode eines Juden verfällt sein Vermögen dem Reich." Rund 60 Prozent des Gesamtvermögens der deutschen Juden, das 1933 mindestens zehn Milliarden Reichsmark betragen hatte, werden auf diese Weise konfisziert.

Auch in allen Ländern, die die Wehrmacht überfällt, berauben die deutschen Besatzer die jüdische Bevölkerung. Die Besitztümer der verschleppten Juden werden nach Deutschland geschafft und dort von Wohlfahrtsverbänden an die Bevölkerung verteilt oder als „jüdisches Umzugsgut" öffentlich versteigert.

Tausende Deutsche gehen bei den Auktionen auf Schnäppchenjagd.

Aus Bremen werden am 18. November 1941 etwa 440 jüdische Einwohner ins Ghetto Minsk deportiert. Noch am Hauptbahnhof müssen sie unterschreiben: „Ich, der unterzeichnete Jude, bestätige hiermit, ein Feind der Deutschen Regierung zu sein und als solcher kein Anrecht auf das von mir zurückgelassene Eigentum, auf Möbel, Wertgegenstände, Konten oder Bargeld zu haben."

Martin Bialystock steht in jenen Tagen in der Wüste von Ägypten und kämpft mit den britischen Truppen gegen den Wehrmachtsgeneral Erwin Rommel, der die Stadt Tobruk im benachbarten Libyen belagert.

Wenige Wochen bevor die deutsche Armee im Mai 1940 in den Niederlanden einmarschierte, hatte er mit einem der letzten Transporte, den die Jugend-Alijah nach Palästina schickte, das Land verlassen – gegen den Willen der Eltern, die noch immer in Antwerpen auf die Passage nach Amerika warteten.

Auf der Durchreise von Den Haag zur Einschiffung in Marseille haben sie ihn im Zug bis Brüssel begleitet. Kaum ein Wort haben sie auf dieser Fahrt gesprochen. Je einen Brief gaben ihm die Eltern mit.

„Wichtiges für den Lebensweg nach Palästina", schrieb der Vater, „die Gesundheit muss man erhalten durch gute Pflege, pünktliche Mahlzeiten." Und Franja ermahnte ihn: „Halte dich von schlechten Menschen fern."

Am 1. September 1942 zwingt man Eltern und Schwester in Belgien in Waggon 7 eines Zugs. Heinrich, Franja und Miriam Bialystock sind die Nummern 91 bis 93 auf der Liste der Deportierten.

Noch am Tag ihrer Ankunft werden sie in Auschwitz ermordet. ⬢

Constanze Kindel, *Jg. 1979, ist Autorin in Remscheid.*

DER WEG

Fünf Jahre nach dem Regierungsantritt der Nationalsozialisten steht Adolf Hitler im Zenit seiner Macht: Der Diktator hat nahezu alle Gegner innerhalb und außerhalb der NSDAP beseitigt und herrscht nun unumschränkt. Brutale Einschüchterung sowie die Drohung mit der Inhaftierung im Konzentrationslager unterdrücken fast jede Widerrede. Und dennoch ist die Zustimmung in der Bevölkerung hoch – die Deutschen feiern den »Führer und Reichskanzler« dafür, dass er Ordnung und Wirtschaftswachstum gebracht hat sowie Arbeit und nationales Selbstbewusstsein

Bildtexte: FRANK OTTO

IN DEN ABGRUND

Nach dem Einmarsch der Wehrmacht in Österreich im März 1938 jubeln begeisterte Mädchen des **»Bundes deutscher Mädel«** Adolf Hitler auf seiner Fahrt durch Berlin zu. Die meisten Deutschen sehen in dem Diktator jenen genialen Staatsmann, den die Propaganda unentwegt beschwört. Negatives wird meist nicht ihm angelastet, sondern seinen Untergebenen

Das Bauprogramm verschafft den Deutschen zwar das modernste und mit einer Gesamtlänge von mehr als 3600 Kilometern größte **Schnellstraßennetz** der Welt. Doch die Betonpisten (hier die Verbindung Berlin–München bei Bayreuth) bleiben leer: Nur rund ein Prozent der Bevölkerung besitzt ein Kraftfahrzeug. Während des Krieges werden die verwaisten Autobahnen daher auch für Fahrräder freigegeben

DER MYTHOS VON HITLERS AUTOBAHN

Bereits kurz nach der Machtübernahme verspricht der neue Kanzler ein »gigantisches« Straßenbauprogramm – ein Symbol für das aufstrebende nationalsozialistische Deutschland und eine milliardenschwere Arbeitsbeschaffungsmaßnahme, die ein dichtes Netz von Autobahnen über das Reich spannen werde. Doch das Bauvorhaben ist vor allem ein Propagandaspektakel und noch dazu mit einem hohen Preis erkauft: der Gesundheit der bei ihrer Errichtung Beschäftigten

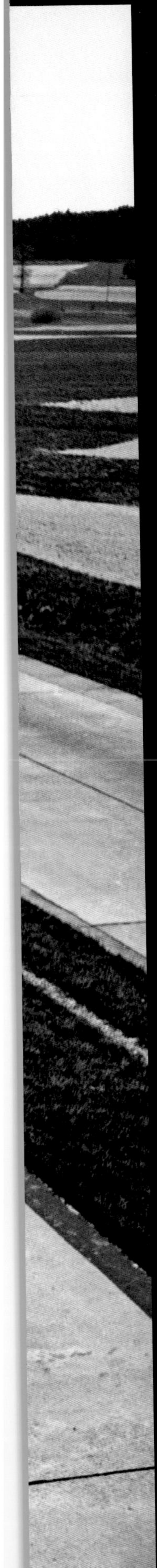

Viel weniger als die versprochenen 300 000 ehemals **Erwerbslosen** bauen tatsächlich die von der Propaganda als »Straßen des Führers« glorifizierten Autobahnen, die angeblich Hitler selbst entworfen hat. In Wirklichkeit übernimmt das NS-Regime bereits fertige Pläne

Die Bedingungen, unter denen die Arbeiter auf den **Autobahnbaustellen** wie hier 1936 in Oberbayern schuften, sind extrem hart: enge Massenunterkünfte, schlechtes Essen, schaufeln bis zur Erschöpfung. Und wer sich verweigert, dem droht das Konzentrationslager

Arbeiterin in einer Munitionsfabrik. Ab 1936 herrscht aufgrund der Aufrüstung Arbeitskräftemangel. Deshalb müssen nun auch immer mehr **Frauen** in der Rüstungsindustrie Dienst tun

Als Zeichen der Stärke nach innen und zugleich zur Einschüchterung des Auslands präsentiert die NSDAP auf ihrem Parteitag im September 1937 schweres **Geschütz**. Inzwischen gibt das Regime fast die Hälfte des Staatshaushalts für Waffen aus

Panzer-Montage bei M.A.N. in Nürnberg. Um die von Hitler geforderte »Kriegsfähigkeit« herzustellen, forciert die Wehrmachtsführung vor allem den Ausbau motorisierter Heereseinheiten und der Luftwaffe: Die wird 1939 über 4000 hochmoderne Kampfflugzeuge verfügen

WAFFEN UM JEDEN PREIS

Seit 1936 gilt ein »Vierjahresplan«, der Deutschland bis 1940 mit aller Macht aufrüsten und autark machen soll. Dieser Kraftakt, der die Leistungsfähigkeit der Wirtschaft eigentlich übersteigt, wird zum Großteil über die Notenpresse finanziert, ohne Rücksicht auf die ökonomischen Konsequenzen – und schließlich nur noch mit einer Alternative zum Bankrott: Krieg

Auch die Marine wird drastisch ausgebaut, hier das **Schlachtschiff** »Gneisenau« und der Schwere Kreuzer »Blücher« in Kiel. Doch viele Rüstungsvorhaben sind nicht durchdacht: So wäre der Mineralölbedarf der im Jahr 1938 geplanten Schiffe fast so hoch wie der Verbrauch des gesamten Landes in einem Jahr

EINE STADT FÜR DIE »WELT-HERRSCHER«

Schon nach kurzer Zeit an der Macht träumen die Nationalsozialisten von einem »Tausendjährigen Reich« und wollen Deutschland für die Ewigkeit formen. Nirgendwo drückt sich dieser Größenwahn so deutlich aus wie in den Plänen, die Hitler für Berlin entwerfen lässt. Zehntausende Häuser sollen abgerissen, Einwohner vertrieben werden – für breite Prachtstraßen und gigantische Monumentalbauten. Die so geschaffene Kapitale eines Imperiums soll auch einen neuen Namen erhalten: Germania. Und sie muss all ihre Größe gründen auf einen brutalen Eroberungszug im Osten

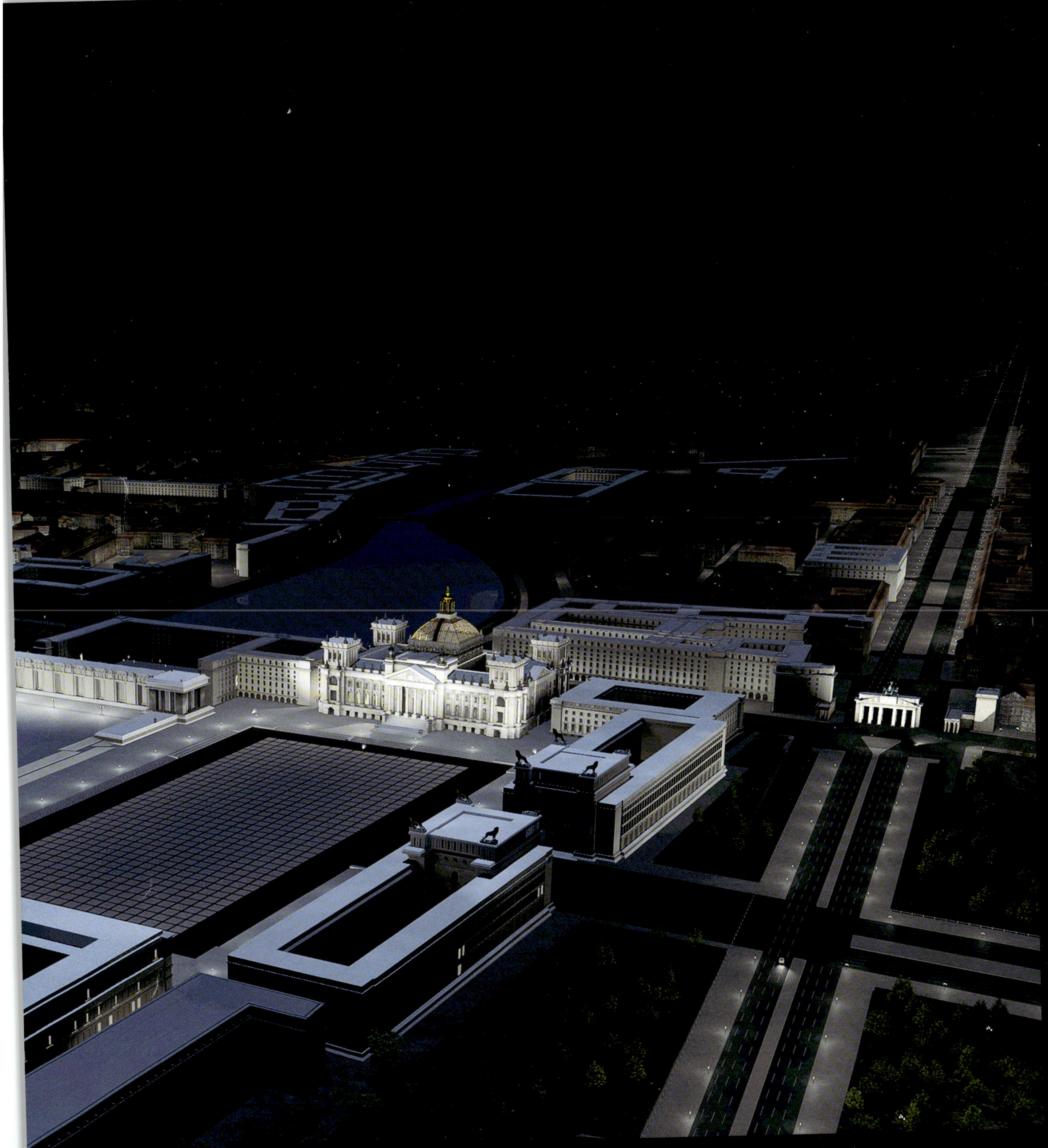

Diese Rekonstruktion für GEO*EPOCHE* zeigt die absurden Dimensionen der Pläne: Die **Kuppelhalle** links soll fast 300 Meter hoch werden und 180 000 Menschen fassen; 17-mal würde der römische Petersdom hineinpassen. Vorn links ein Palast für Hitler, in der Mitte die Reichskanzlei und das Gebäude des Oberkommandos der Wehrmacht, hinten der um einen schlichten Zweckbau erweiterte Reichstag. Und rechts das winzig erscheinende Brandenburger Tor

Die jüngsten Knaben sind in der HJ im »Jungvolk« organisiert. Die »Pimpfe« marschieren zum Klang der Trommeln und Fanfaren, lernen strammzustehen und scharfen Kommandos zu gehorchen – **militärischer Drill** schon für Zehnjährige

Schüler einer »Nationalpolitischen Erziehungsanstalt«: In den **Internaten** soll die zukünftige NS-Elite ausgebildet werden. Aufnahmekriterien sind »rassische Eignung« und körperliche Fitness – Brillenträger etwa haben keine Chance

Der Einstieg in die Uniformität: Auch für die Mädchen im »Jungmädelbund« gilt, dass die **Gemeinschaft** alles ist, der Einzelne zählt nichts – ein Weltbild, das das Regime in der ganzen Gesellschaft durchsetzen will

VERFÜHRUNG EINER GANZEN GENERATION

Die Indoktrination durch das Regime beginnt bereits bei den Kindern. Die Nationalsozialisten wollen linientreue Kämpfernaturen, die sich in den Dienst der »Volksgemeinschaft« stellen. Und so lernen Jungen und Mädchen in der »Hitler-Jugend« zu gehorchen, aber auch zu befehlen und Schwächere zu schikanieren. Mitunter fühlen sich viele der kleinen »Herrenmenschen« sogar ihren Eltern und Lehrern überlegen. Ihre Loyalität gilt allein dem »Führer«

Mädchen des »Bundes Deutscher Mädel« beim **Fahnenappell** im Sommer 1938 an der Ostsee. Laut Gesetz ist die Hitler-Jugend für die »körperliche, geistige und sittliche« Erziehung außerhalb von Schule und Elternhaus allein zuständig. Ab März 1939 ist der Dienst für alle Jugendlichen verpflichtend

Der erste Schuss

Jahrelang hat Adolf Hitler aufgerüstet, im Sommer 1939 fühlt er sich bereit: Durch einen schnellen Sieg über Polen will Deutschland all die Gebiete erobern, die es im Ersten Weltkrieg verloren hat – und weitaus mehr noch dazu. Großbritannien und Frankreich, so hofft der Diktator, werden sich ihm nicht in den Weg stellen

Text: RALF BERHORST und OLAF MISCHER

Seit mehr als zwei Wochen wartet Alfred Helmut Naujocks im Hotel „Haus Oberschlesien" nahe der polnischen Grenze auf seinen Einsatzbefehl. Am 31. August 1939 gegen 16 Uhr kommt endlich der Anruf aus Berlin mit dem Losungswort „Großmutter gestorben".

Der 27-jährige SS-Sturmbannführer und eine Handvoll weiterer Männer sollen am Abend als vermeintliche polnische Rebellen den deutschen Rundfunksender Gleiwitz überfallen. Die Aktion ist eine von zahlreichen Scheinattacken der SS, die Polen zugeschrieben werden und der NS-Führung als Vorwand für den Überfall auf den östlichen Nachbarn dienen sollen. Adolf Hitler hat den Angriffsbefehl für die Wehrmacht vor gut drei Stunden unterschrieben.

Kurz vor 20 Uhr erreichen Naujocks und seine Komplizen den Sender. Die beiden Polizisten an der Pforte sind eingeweiht, der Pförtner hat seinen Posten verlassen. Niemand hält das bewaffnete Kommando auf.

Die Männer dringen in das Sendegebäude ein, gehen zum Betriebsraum. Dort überwältigen sie vier Männer und bringen sie gefesselt in den Keller.

Die Menschen, die gerade in der Region Gleiwitz vor dem Radioapparat sitzen, hören plötzlich eine Stimme: „Achtung! Hier ist Gleiwitz! Der Sender befindet sich in polnischer Hand!" Er sei „Freiheitskämpfer", behauptet der Sprecher in einer – teils auf Polnisch gehaltenen – Erklärung. Mit den Worten „Hoch lebe Polen!" beendet er die Ansprache nach wenigen Minuten.

Als die Männer aus dem Gebäude stürzen, hasten sie an einem auf dem Boden liegenden Körper vorbei. Es ist die Leiche des Oberschlesiers Franciszek Honiok, eines 41-jährigen Vertreters für Landmaschinen aus der Gegend, der öffentlich mit Polen sympathisiert. Am Vortag ist er von zwei Männern der Geheimen Staatspolizei verhaftet worden; nun haben ihn Gestapo-Beamte betäubt und anschließend erschossen, noch während im Sender die Erklärung verlesen wurde.

Es soll so aussehen, als sei Honiok einer der Männer, die die Radiostation überfallen haben. Der „Beweis" für einen Übergriff polnischer Freiheitskämpfer auf deutsches Territorium. Franciszek Honiok ist der erste Tote des Zweiten Weltkriegs.

Um 22.30 Uhr meldet der Reichsrundfunk den Angriff auf den Sender Gleiwitz und andere vermeintliche Grenzzwischenfälle. In der Nacht verüben SS-Kommandos weitere Scheinattacken an der östlichen Reichsgrenze: So überfallen 30 als polnische Soldaten verkleidete Männer eine Zollstation, und in Hochlinden töten Uniformierte sechs Menschen (die Toten, die die SS-Männer zurücklassen, sind ermordete KZ-Häftlinge).

Am nächsten Morgen tritt Hitler vor den Reichstag und beklagt die „Gräueltaten" und „Grenzzwischenfälle" der letzten Stunden. Polen habe „zum ersten Mal auf unserem eigenen Territorium auch mit bereits regulären Soldaten geschossen", so der Diktator. Und fügt hinzu: „Seit 5.45 Uhr wird jetzt zurückgeschossen!" (Tatsächlich hat die Wehrmacht den Angriff eine Stunde vorher eröffnet.)

Der Krieg, der an diesem 1. September 1939 mit dem Einmarsch der Deutschen in Polen seinen Anfang nimmt, erschüttert bald ganz Europa, aber auch den Atlantik und das Mittelmeer, die Wüsten Nordafrikas und die Steppen Russlands sowie die Küsten der USA.

Er wird mehr als 55 Millionen Todesopfer fordern, Leid und Elend in bis dahin unvorstellbarem Ausmaß über die Menschheit bringen, das Leben und die Erinnerung von Generationen prägen. Und den Erdball stärker verändern als jedes geschichtliche Ereignis zuvor.

Ausgelöst wird diese Katastrophe von Adolf Hitler.

Der Nationalsozialist glaubt, der Wille zur „Selbsterhaltung" sei der Antrieb für die Handlungen eines „gesunden Volkes". Um sich neuen „Lebensraum" im Osten zu erkämpfen, hätten die vermeintlich rassisch über-

Mit der Axt zertrümmert ein Soldat einen Schlagbaum in Westpreußen. Die polnisch-deutsche Grenze ist 2300 Kilometer lang – und kaum zu verteidigen

legenen Deutschen das Recht, die slawischen Völker Osteuropas zu unterwerfen.

Zudem ist er von einer angeblichen „jüdischen Weltverschwörung" besessen. Überall vermutet er Komplotte: Die russische Oktoberrevolution von 1917 etwa sei das Werk von Juden. Wenig später sieht er auch das Reich vom „jüdischen Bolschewismus" bedroht. Deutschland sei nur zu retten, wenn die kommunistische Bewegung „vernichtet" werde, notiert er. In seiner Logik ist ein Krieg gegen die UdSSR unvermeidlich.

Bereits vier Tage nach seiner Ernennung zum Reichskanzler am 30. Januar 1933 geht Hitler daran, sein außenpolitisches Programm umzusetzen: Vor Offizieren erklärt er, allein in der „Eroberung neuen Lebensraums im Osten und dessen rücksichtsloser Germanisierung" liege die Lösung der wirtschaftlichen Probleme Deutschlands. Er kündigt die Wiedereinführung der Wehrpflicht und die Aufrüstung der Streitkräfte an.

Hitler hofft auf ein Bündnis mit Großbritannien, dessen Weltreich er bewundert. Dagegen hält er eine Auseinandersetzung mit Frankreich, das viele Deutsche seit den napoleonischen Befreiungskriegen von 1813/14 als „Erbfeind" ansehen, für unvermeidlich. Eigentliches Ziel aber bleibt der Krieg gegen die UdSSR – sowie die Vorherrschaft über den europäischen Kontinent, den er gemäß seiner Rassenideologie neu ordnen will: Juden, Sinti und Roma sowie Behinderte haben nach seinem Willen kein Existenzrecht.

Von Beginn an spielt Hitler mit hohem Einsatz. Er ist ein Hasardeur, stets bereit, das völlige Scheitern zu riskieren. Er scheut keine Lüge, keine Verstellung, keinen Vertragsbruch.

Sein wichtigstes Etappenziel ist die Revision des Vertrags von Versailles – unter anderem, weil er die Aufrüstung Deutschlands verbietet. In dem Abkommen von 1919 hatten die Siegermächte des Ersten Weltkriegs dem Reich zudem Reparationszahlungen auferlegt. Seine Kolonien musste es abtreten.

Schmerzlich traf die Deutschen vor allem der Verlust Oberschlesiens, Posens sowie des größeren Teils Westpreußens an Polen. Die Stadt Danzig steht nun unter Verwaltung des Völkerbundes. Das Memelland ging verloren, ebenso Elsass-Lothringen und Eupen-Malmedy im Westen. Eine etwa 50 Kilometer breite Zone entlang des Rheins wurde zur entmilitarisierten Zone erklärt.

Militärkonvois der Wehrmacht überqueren im Morgengrauen des 1. September 1939 die polnische Grenze. Motorisierte Truppen sollen die Linien des Gegners schnell durchbrechen und dessen Ordnung zerstören

Ingesamt büßte Deutschland ein Siebtel seines Territoriums und ein Zehntel seiner Bevölkerung ein. Zudem beschränkten die Siegermächte das deutsche Heer auf 100 000 und die Marine auf 15 000 Mann. Sie verboten der Reichsregierung den Bau von U-Booten, Flugzeugen, Panzern und Gaswaffen.

Hitler verlangt nun die Wiederherstellung der deutschen Grenzen von 1914 und die Rückgabe der Kolonien.

Im Oktober 1933 schockiert er die Weltöffentlichkeit zum ersten Mal: Er ruft seine Diplomaten von einer Abrüstungskonferenz zurück und erklärt Deutschlands Austritt aus dem Völkerbund. Nun muss die NS-Führung keine internationale Kontrolle mehr fürchten und kann ungehindert Luftwaffe, Marine und Heer weiter aufbauen. 1935 führt sie die allgemeine Wehrpflicht ein und verstößt damit ganz offen gegen den Versailler Vertrag. Die Westmächte protestieren, lassen Hitler aber gewähren.

Zugleich beteuert er unermüdlich, er wolle den Frieden erhalten: Mit Polen schließt er gar einen Nichtangriffspakt. Und so ahnt noch Anfang 1936 vermutlich kein Regierungschef, dass Hitler an einem verbindlichen Dialog nicht interessiert ist, dass all seine Versicherungen nichts wert sind.

Im März 1936 aber marschiert die Wehrmacht mit 30 000 Soldaten in das entmilitarisierte Rheinland ein – und verletzt damit erneut den Versailler Vertrag. Es ist Hitlers bis dahin gewagteste Aktion.

Doch Paris scheut die Auseinandersetzung: weil der französische Geheimdienst die Stärke der deutschen Truppen um das Zehnfache überschätzt. Und weil London jede militärische Unterstützung ablehnt, um den Frieden nicht zu gefährden.

Für Hitler ist die Besetzung der entmilitarisierten Zone die vielleicht wichtigste Voraussetzung für seine künftige Politik. Denn bis dahin musste er bei jedem Vertragsbruch mit einem französischen Vorstoß in das Gebiet am Rhein rechnen. Nun lässt er die Grenzregion mit einer mehr als 600 Kilometer langen Befestigungsanlage sichern.

In der zweiten Jahreshälfte gewinnt Hitler seinen ersten Verbündeten: Italien unter dem faschistischen Diktator Benito Mussolini.

Im November schließen Deutschland und Japan einen Pakt, um die Kommunistische Internationale, die weltweite Vereinigung moskautreuer Parteien, zu bekämpfen. Bedeutsamer sind die Bestimmungen eines geheimen Zusatzprotokolls: Für den Fall, dass ein Vertragspartner in einen Konflikt mit der Sowjetunion gerät, sichert der andere „wohlwollende Neutralität" zu.

Deutschlands Isolation ist damit durchbrochen. Hitler wird immer wagemutiger: Im März 1938 marschiert die Wehrmacht in Österreich ein. In einem – freilich nicht demokratisch abgehaltenen – Plebiszit erklären sich 99,73 Prozent der Wähler damit einverstanden, Deutsche zu sein.

Hitler hat mit dieser Aktion auch einen strategischen Vorteil: Die Tschechoslowakei ist jetzt zu einem großen Teil von Deutschland umschlossen. Wenig später droht er, Truppen in das östliche Nachbarland zu senden, sollte Prag nicht das überwiegend von Deutschstämmigen bewohnte „Sudetengebiet" an das Reich abtreten.

Mit Erfolg: Am 30. September besiegeln Hitler, Mussolini sowie die Regierungschefs Großbritanniens und Frankreichs in München die Eingliederung des Sudetenlandes in das Deutsche Reich; im Gegenzug werden die Grenzen der nun verkleinerten Tschechoslowakei international garantiert. In den vorausgegangenen Verhandlungen hatte Hitler mit Krieg gedroht, falls man ihn nicht gewähren ließe. Gleichzeitig hatte er beteuert, das Sudetenland sei seine „letzte territoriale Forderung in Europa".

Doch schon drei Wochen später stellt das NS-Regime seine nächste Forderung. Es geht um die Zukunft Danzigs: Die vom Völkerbund verwaltete Stadt soll wieder deutsches Reichsgebiet werden, Deutschland eine exterritoriale Autobahn und Eisenbahnverbindung durch das polnische Westpreußen nach Ostpreußen bauen dürfen. Dafür will Hitler die deutsch-polnische Grenze anerkennen.

Außenminister Józef Beck, der starke Mann der Regierung in Warschau, lehnt ab. Damit gibt sich Hitler freilich nicht zufrieden.

Doch zunächst wendet er sich erneut der Tschechoslowakei zu. Am 12. März 1939 empfängt er einen führenden Politiker aus dem slowakischen Landesteil. Ungarn beabsichtige, die Slowakei zu besetzen, behauptet der Reichskanzler wahrheitswidrig; er werde dies verhindern – allerdings nur, wenn das Regionalparlament in Bratislava sich von Prag lossage. Zwei Tage später erfüllen die Abgeordneten die Bedingung (fortan ist die Slowakei ein deutscher Satellitenstaat).

Hitler hasst Kommunisten, doch den Sowjetführer Josef Stalin bewundert er für dessen Brutalität. 1939 schließen die zwei Diktatoren ein Bündnis

Gleichzeitig setzt Hitler den tschechoslowakischen Staatspräsidenten Emil Hácha unter Druck: Die Städte seines Landes würden bombardiert, falls er nicht einen Vertrag unterzeichne, der das restliche tschechoslowakische Territorium praktisch dem Deutschen Reich übereigne. In der Nacht setzt Hácha seinen Namen unter das Dokument. Dann besetzt die Wehrmacht das Land.

Der Westen erscheint wie gelähmt. Langsam begreifen die Politiker, dass Berlin nicht durch Zugeständnisse zu stoppen ist. Der britische Premier Neville Chamberlain erklärt vor seinem Kabinett, falls Deutschland „einen weiteren Schritt in Richtung der Beherrschung Europas unternimmt", werde die britische Regierung „die Herausforderung annehmen". Auch Frankreichs Regierungschef Daladier ist nun entschlossen, jeder weiteren deutschen Aggression entgegenzutreten.

Doch Hitler plant bereits den Krieg gegen Polen. Der Countdown beginnt.

Es ist der 21. März 1939. In Berlin empfängt Außenminister Ribbentrop Polens Botschafter Józef Lipski. Er spricht mit seinem Gast über die Zukunft Danzigs und bietet an, die deutschen Vorschläge vom vergangenen Oktober bei einem Treffen mit Polens Außenminister Beck, Hitler und ihm selbst in Berlin zu verhandeln.

23. März, Memelland: Die Wehrmacht rückt in das bis 1919 zu Deutschland, jetzt zu Litauen gehörende Gebiet ein. Zuvor hat Ribbentrop die dortige Regierung mit Drohungen zur Abtretung des Gebietes gezwungen. Polen reagiert mit der Teilmobilmachung seiner Truppen.

24. März, Warschau: Außenminister Józef Beck erklärt vor seinen Mitarbeitern, dass sich die polnische Führung anders als die Regierungen der Tschechoslowakei und Litauens nicht erpressen lasse. Er werde nur bis zu einer bestimmten Linie mit Deutschland verhandeln. Jenseits davon gelte: „Wir werden kämpfen."

25. März, Wünsdorf bei Berlin: Auf Anweisung Hitlers beginnt das Oberkommando des Heeres mit der Arbeit an einem Angriffsplan gegen Polen.

26. März, Berlin: Józef Lipski weist im Namen seiner Regierung die deutschen Vorschläge zurück. Ribbentrop droht daraufhin, jede Intervention in Danzig werde wie ein Angriff auf das Deutsche Reich behandelt. Nun wird auch Lipskis Ton schärfer: „Die weitere Verfolgung des Planes hinsichtlich Danzig bedeutet Krieg mit Polen."

31. März, London: Premier Neville Chamberlain erklärt, „im Fall einer Aktion, die die Unabhängigkeit Polens eindeutig bedroht", sehe sich London verpflichtet, „der polnischen Regierung sogleich alle in ihrer Macht liegende Unterstützung zu gewähren".

3. April, Wünsdorf: Das Heeresoberkommando hat die Planungen für den „Fall Weiß"

abgeschlossen, so der Deckname für den Überfall auf Polen. Generalstabschef Franz Halder rechnet mit einem Feldzug von zwei bis drei Wochen. Allerdings vermag niemand einzuschätzen, wie sich der sowjetische Diktator Stalin bei einem Angriff verhalten wird.

6. April, London: Polens Außenminister Beck und Chamberlain sichern sich für den Fall eines Angriffs gegenseitige Unterstützung zu – die Einzelheiten sollen später durch einen Vertrag geregelt werden. (Im Mai schließt Polen mit Paris ein Beistandsabkommen.)

17. April, Berlin: Der sowjetische Botschafter verhandelt mit Ernst von Weizsäcker, dem Staatssekretär im Auswärtigen Amt, über eine Rüstungslieferung. Doch offenbar will er vor allem signalisieren, dass die UdSSR die Beziehungen zum Deutschen Reich intensivieren will. Denn „ideologische Meinungsverschiedenheiten" müssten das beiderseitige Verhältnis nicht stören.

Das deutsche Außenministerium arbeitet schon seit Längerem auf eine Annäherung hin. Wenn ein Pakt mit der UdSSR gelänge, wäre Polen im Osten isoliert. Bei einem solchen Bündnis, so Ribbentrops Kalkül, würden es Frankreich und Großbritannien nicht wagen, sich an Warschaus Seite zu stellen. Doch politische Gespräche scheitern zunächst am gegenseitigen Misstrauen der beiden Diktatoren.

Kurz darauf bekräftigt Hitler vor einem kleinen Kreis führender Militärs seine Pläne: „Danzig ist nicht das Objekt, um das es geht. Es handelt sich für uns um die Erweiterung des Lebensraums im Osten und Sicherstellung der Ernährung."

Zuvor aber müsse Polen besiegt werden, denn andernfalls würde sich das Land mit den Gegnern Deutschlands im Westen verbünden. Dann wolle er Krieg gegen Frankreich führen. Spätestens nach dem Sieg über Paris sei eine Auseinandersetzung mit Großbritannien unausweichlich. Und erst dann, so plant er es jedenfalls zu diesem Zeitpunkt, soll es gegen die Sowjetunion gehen.

Die Frage ist nur: Wie schnell wird London in den Krieg eintreten?

Im Reich berichten die Zeitungen jetzt immer häufiger über angebliche Repressalien gegen die deutsche Minderheit in Polen, um die Bevölkerung auf den Krieg vorzubereiten.

Anfang August 1939 zieht Hitler sich auf den „Berghof" bei Berchtesgaden zurück. Außer Ribbentrop, militärischen Beratern und einigen Vertrauten empfängt er kaum jemanden aus dem Stab seiner Minister und Beamten. Für Hitler hat jetzt nur noch die Vorbereitung des Kriegs Bedeutung.

SS-Männer bereiten Zwischenfälle an der deutsch-polnischen Grenze vor, die als Provokationen Polens dargestellt werden sollen.

Und die Wehrmacht richtet heimlich Waffendepots in Polen ein und wirbt dort Angehörige der deutschen Minderheit an – eine Schattenarmee für den geplanten Vormarsch.

11. August 1939, Berghof: In seinem Landhaus auf dem Obersalzberg erwartet Hitler

Der Pakt sichert dem Herrn des Sowjetimperiums weite Teile Osteuropas. Und Berlin hat nun freie Hand für den Feldzug in Polen

den Schweizer Carl Jacob Burckhardt, den Hohen Kommissar des Völkerbunds in Danzig, der dort die Selbstverwaltung der mehrheitlich deutschen Bevölkerung garantieren und den polnischen Handel über den Freihafen der Stadt schützen soll.

In den Tagen zuvor hat ein Streit zwischen polnischen Hafeninspektoren und der von der NSDAP gestellten Danziger Stadtregierung die Versorgung der Bürger massiv behindert, und nun, da die polnische Regierung die deutschen Behörden unter Androhung von Gewalt zur Zusammenarbeit mit den Inspektoren aufgefordert hat, droht der lokale Konflikt zu einem europäischen Krieg zu werden.

Doch das ist zu früh für die Reichswehr. Deshalb zwingt Hitler seine Danziger Anhänger zur Mäßigung. Großbritannien und Frankreich, so fürchtet er, sind nun alarmiert.

Deshalb hat er Burckhardt eingeladen. Ihm gegenüber will er als vernünftiger Staatslenker auftreten. Anfangs gibt er sich auch ausgesucht höflich, steigert sich dann aber in immer größere Erregung: über Presseberichte, die behaupten, er habe „den Nervenkrieg" um Danzig verloren, sowie über das polnische Ultimatum. Wenn „der kleinste Zwischenfall" sich ereigne, brüllt er als nachträgliche Antwort auf das Ultimatum, werde er „Polen ohne Warnung zerschmettern, sodass nicht eine Spur von Polen nachher zu finden ist".

Hitler hofft, Burckhardts Bericht werde London und Paris davon überzeugen, dass eine Unterstützung Polens überflüssig sei. Und tatsächlich legen die Briten der polnischen Regierung nun Zurückhaltung gegenüber Deutschland nahe.

12. August, Berghof: Hitler empfängt Italiens Außenminister Graf Galeazzo Ciano. Der soll den Diktator im Namen des Duce davon überzeugen, dass es „ein Wahnsinn wäre, jetzt einen Krieg zu entfesseln": Italien sei nicht gerüstet für einen Kampf an der Seite seines Verbündeten.

Ciano hat am Vortag von Ribbentrop erfahren, dass es der deutschen Regierung nicht nur um Danzig geht, sondern um die „gnadenlose Vernichtung Polens". Er ist beunruhigt: Anders als Ribbentrop glaubt er nicht, dass Frankreichs und Großbritanniens Niederlage besiegelt wäre, sollten sie beschließen, Warschau zu unterstützen.

Plötzlich wird Hitler herausgebeten. Ribbentrop meldet einen Anruf aus Moskau: Man sei zu Gesprächen bereit.

Hitler, Ribbentrop und Weizsäcker haben einen Vertragsentwurf vorbereitet, der die Aufteilung Polens und der baltischen Staaten zwischen Berlin und Moskau festlegt. Zudem soll ein Nichtangriffspakt mit der UdSSR geschlossen werden. Stalin weiß von dem Entwurf – wenn auch nur durch vage Hinweise eines deutschen Diplomaten.

Und obwohl die Verhandlungen mit Moskau noch nicht begonnen haben, gibt Hitler nun den Befehl zum Aufmarsch gegen Polen und legt den Angriff auf den 26. August fest.

14. August, Moskau: Ribbentrop lässt über die deutsche Botschaft Außenminister Wjat-

scheslaw Molotow ausrichten, er sei bereit, in die Sowjethauptstadt zu reisen.

19. August, Berghof: Am Abend trifft eine Offerte aus Moskau ein. Ribbentrop soll am 26. August kommen – dem Tag, den Hitler für den Angriff auf Polen festgesetzt hat.

Deutsche Kradschützen im Gefecht. Die mit Motorrädern ausgestatteten Infanteristen sind schnell und extrem beweglich und werden vor allem für überraschende Überfälle eingesetzt

20. August, Berghof: Hitler verlangt von Stalin, er solle den Außenminister schon am 22. oder 23. August empfangen.

21. August, Berghof: Die Antwort trifft ein – Stalin erwarte Ribbentrop am 23. August. Vor Freude schlägt sich Hitler aufs Knie. Dann geht die Meldung an die Presse, dass Hitlers Außenminister nach Moskau reist.

22. August, Berghof: Hitler spricht vor etwa 50 Offizieren: „Es war mir klar, dass es früher oder später zu einer Auseinandersetzung mit Polen kommen musste." Die Wahrscheinlichkeit, dass der Westen eingreifen werde, sei gering, beschwichtigt er die Bedenken mancher Zuhörer. Denn der Pakt mit Moskau werde in zwei Tagen unterzeichnet.

Die Stimmung der Offiziere ist gedrückt. Hitler hat längst nicht alle Zuhörer überzeugt. General Curt Liebmann notiert: „Man hatte das Gefühl, dass hier ein Mann sprach, der jedes Gefühl der Verantwortlichkeit verloren hatte und mit einer nicht zu überbietenden Leichtfertigkeit entschlossen war, ins Dunkle hineinzuspringen." Aber niemand wagt es, dem Kriegsplan zu widersprechen.

London, am selben Tag: Angesichts der deutsch-sowjetischen Bündnispläne will der Kriegsminister die sofortige Generalmobilmachung ausrufen. Doch Premier Chamberlain ist dagegen, weil Deutschland dies zum Vorwand nehmen könnte, die Wehrmacht in Kampfbereitschaft zu versetzen. Er lässt lediglich 120 000 Mann einberufen.

23. August, Moskau, 14 Uhr Ortszeit* (in Berlin ist es 11 Uhr): Ribbentrop landet mit einem Tross von etwa 30 Mitarbeitern. Am Nachmittag soll er sich im Kreml einfinden.

Berghof, 13.00 Uhr: Hitler empfängt den britischen Botschafter Sir Nevile Henderson, der einen Brief Chamberlains überreicht. Der Premier warnt Hitler in dem Schreiben, ein Vertrag zwischen Berlin und Moskau werde nichts an den Verpflichtungen Großbritanniens gegenüber Polen ändern.

Hitler reagiert wütend: Er werde Chamberlain binnen zwei Stunden schriftlich antworten. Henderson wird am Nachmittag wieder auf den Berghof gerufen. In seinem Antwortschreiben droht Hitler unmissverständlich mit Krieg (freilich ohne das Wort zu verwenden), sollten Großbritannien und Frankreich ihre Streitkräfte mobilisieren.

Moskau, 17.00 Uhr: Ribbentrop erreicht den Kreml. Am Ende eines lang gestreckten Saales erwartet ihn Außenminister Molotow – und überraschend auch Josef Stalin.

Der sowjetische Diktator bemerkt, beide Länder hätten einander in der Vergangenheit mit „Kübeln an Jauche übergossen", doch es gebe keinen Grund, die Auseinandersetzung fortzusetzen. Tatsächlich diskutieren die Politiker nun sehr konzentriert über ihre Ziele.

Berghof, 17.00 Uhr: Hitler wartet ungeduldig auf Nachrichten aus Moskau. Wenig später ruft Ribbentrop an. Er hat die Verhandlungen unterbrochen, um mit Hitler über die einzige noch strittige Frage zu reden.

Der Nichtangriffspakt ist praktisch unterschriftsreif. Auch sonst haben sich Ribbentrop und seine sowjetischen Partner weitgehend geeinigt: Die Sowjetunion beansprucht Finnland, Estland, Lettland sowie das zu Rumänien gehörende Bessarabien und den östlichen Teil Polens. Deutschland will sich vor allem Westpolen und Litauen einverleiben.

Bald darauf werden die Verträge formuliert. Stalin lässt ein Essen mit Wodka und Krimsekt servieren – und bringt sogar einen Toast auf Hitler aus. Nach Mitternacht unterzeichnen Molotow und Ribbentrop den Vertrag. Anschließend ruft der deutsche Außenminister auf dem Berghof an und meldet den Abschluss. Hitler triumphiert: „Das wird wie eine Bombe einschlagen."

24. August, London: „Die internationale Lage" habe sich so weit zugespitzt, sagt Neville Chamberlain vor dem Parlament, „dass wir uns heute vor eine unmittelbare Kriegsgefahr gestellt sehen". Seine Regierung werde den Verpflichtungen gegenüber Polen „entschlossen" nachkommen. In Paris ordnet Ministerpräsident Édouard Daladier die Teilmobilmachung der französischen Streitkräfte an.

Hitler fliegt nach Berlin. Er will im Reichstag seine Empörung kundtun über die polnischen, tatsächlich aber von SS-Männern inszenierten „Grenzzwischenfälle".

Schon tags zuvor haben Einheiten der Wehrmacht ihre „Bereitstellungsräume" nahe der polnischen Grenze erreicht. Am Abend beginnt nun die Verlegung einer zweiten Welle motorisierter Einheiten. Soldaten, SS-Männer und Waffen werden nach Danzig eingeschleust.

Auf polnischer Seite werden seit dem 23. August Armeeeinheiten unter anderem in

* Die folgenden Zeitangaben sind aus mehreren, teils widersprüchlichen Quellen rekonstruiert.

Oberschlesien und weiten Teilen Westpolens mobilisiert. Luftstreitkräfte und Luftabwehr sind in Alarmbereitschaft.

25. August, Berlin: In einem Brief an Mussolini begründet Hitler, weshalb er den Pakt mit Moskau eingegangen ist, und deutet an, dass er in Kürze gegen Polen vorgehen werde.

Jetzt laufen letzte Vorbereitungen für den „Fall Weiß" an. Damit der Angriff am nächsten Morgen um 4.30 Uhr beginnen kann, muss Hitler den Befehl dazu spätestens bis 15.00 Uhr unterzeichnen. Zugleich startet er einen Versuch, London von einer direkt auf den Angriff folgenden Kriegserklärung abzuhalten. Er bestellt den britischen Botschafter Henderson in die Reichskanzlei ein.

Hitler gibt sich entspannter als bei der letzten Begegnung auf dem Berghof. Er werde Großbritannien „ein großes umfassendes Angebot" machen und für den Fortbestand des Empire eintreten, sobald die Probleme mit Polen gelöst seien. Mit dieser vagen Offerte solle Henderson noch am selben Tag nach London fliegen – in Hitlers Maschine.

Doch Henderson will erst am folgenden Tag reisen – also erst, nachdem deutsche Truppen gemäß den Plänen der NS-Führung auf polnisches Gebiet vorgedrungen sind.

Hitler plagt eine zweite Sorge: Die Antwort Mussolinis auf seinen Brief steht aus – nur ungern will er ohne die Unterstützung des Duce gegen Polen losschlagen. Doch es kommt keine Nachricht aus Rom.

Hitler kann nicht länger zögern. Um 15.02 Uhr unterschreibt er den Angriffsbefehl. Im Laufe des Nachmittags erreicht die Order die Truppenkommandeure an der deutsch-polnischen Grenze. Am späteren Nachmittag erfährt der Diktator, dass London und Warschau einen Beistandspakt geschlossen haben.

Um 17.45 Uhr geht endlich Mussolinis Antwort ein: Italien könne keine militärische Hilfe anbieten. „Es ist für mich einer der schmerzlichsten Augenblicke meines Lebens, Ihnen mitteilen zu müssen, dass Italien nicht kriegsbereit ist", erklärt der Duce. Hitler, so berichtet ein Zeuge, wirkt verbittert, empört über den vermeintlichen Verrat Mussolinis.

Gegen 19 Uhr erklärt zudem Walther von Brauchitsch, der Oberbefehlshaber des Heeres, dass der Aufmarsch der deutschen Truppen noch nicht abgeschlossen sei. Das Heer brauche noch ein paar Tage Vorbereitung. Hitler stoppt den Angriff.

26. August, Berlin: Am Morgen fliegt Botschafter Henderson nach London.

28. August, Berlin: Zurück in der Reichshauptstadt, übergibt Henderson eine Antwort seiner Regierung. Hitler will am nächsten Tag antworten. Er müsse das Schreiben erst studieren. In dem Brief begrüßt Chamberlain das deutsche Angebot. Wie von Hitler erwartet, ist er aber erst zu Gesprächen bereit, wenn der deutsch-polnische Konflikt beigelegt ist – durch Verhandlungen mit Warschau.

29. August, Berlin, 19.15 Uhr: Als Henderson Hitlers Antwort liest, entdeckt er eine neue Bedingung: Deutschland sei zu direkten Gesprächen mit Polen bereit – aber nur, falls ein polnischer Unterhändler mit umfassenden Vollmachten nach Berlin entsandt werde. Und zwar schon am nächsten Tag. Das ist ein Ultimatum. Unerfüllbar, wie Hitler weiß.

30. August, London: Der britische Außenminister erhält ein Telegramm aus Berlin, in dem ihm Henderson den Inhalt von Hitlers Note mitteilt. Er solle der deutschen Regierung ausrichten, kabelt der Minister zurück, dass es aus technischen Gründen unmöglich sei, so kurzfristig einen polnischen Unterhändler nach Berlin zu entsenden.

31. August, Berlin: Henderson sucht Ribbentrop auf, um ihm die Antwort aus London zu übermitteln. Der deutsche Außenminister fixiert den Briten mit „zusammengekniffenen Lippen und flackernden Augen", wie sich der Dolmetscher Paul Schmidt später erinnert. „Die Frist ist abgelaufen", bemerkt Ribbentrop, „wo bleibt der Pole, den Ihre Regierung herbeischaffen wollte?" Als Henderson ihn bittet, das deutsche Verhandlungsangebot nach Warschau übermitteln zu lassen, brüllt Ribbentrop: „Das kommt jetzt, nach dem, was vorgefallen ist, überhaupt nicht mehr infrage." Niedergeschlagen kehrt Henderson in die britische Botschaft zurück.

12.40 Uhr: Die Wehrmacht hat ihre Stellungen an Polens Grenze weitgehend bezogen. Hitler unterschreibt die „Weisung Nr. 1" für die Kriegführung. Der Angriff ist auf den nächsten Morgen 4.45 Uhr festgesetzt.

13.00 Uhr: Polens Botschafter Józef Lipski ersucht um eine Audienz bei Ribbentrop. Die britische Regierung hat Warschau am Morgen durch ein Telegramm zu direkten Besprechungen mit der NS-Führung aufgefordert.

13.50 Uhr: Hitler bestätigt den Angriffsbefehl und gibt ihn frei. Joseph Goebbels notiert in seinem Tagebuch: „Es scheint, dass damit die Würfel endgültig gefallen sind."

Der Reichskanzler handelt wie immer auf Risiko. Gegenüber Luftwaffenchef Göring hat er erst vor zwei Tagen bemerkt: „Ich habe in meinem Leben immer va banque gespielt."

Rund 400 000 Polen geraten in deutsche Kriegsgefangenschaft. Obwohl Berlin sich in der Genfer Konvention zum humanen Umgang mit Gefangenen verpflichtet hat, verweigert das NS-Regime den verachteten Slawen den Schutz des Völkerrechts

Am Abend rollen die deutschen Divisionen in ihre Ausgangsstellungen. Zwei Heeresgruppen mit fünf Armeen sind aufmarschiert, dazu kommen zwei Luftflotten sowie ein Marinekommando: insgesamt 1,5 Millionen Soldaten mit 3600 gepanzerten Fahrzeugen sowie fast 2000 Flugzeugen. Auf polnischer Seite sind 1,3 Millionen Mann mobilisiert. Aber Warschau verfügt nur über 750 Panzer sowie 900 Flugzeuge.

1. September 1939, Danzig, 4.47 Uhr: Das deutsche Schlachtschiff „Schleswig-Holstein", das – angeblich auf Freundschaftsbesuch – im Hafen der Stadt ankert, nimmt die Halbinsel Westerplatte unter Feuer. Ziel ist ein Munitionsdepot der polnischen Armee.

Etwa 15 Minuten später verkündet der Danziger NS-Gauleiter im Radio die Wiedervereinigung der Stadt mit dem Deutschen Reich. Kirchenglocken läuten, am Rathaus hissen Männer eine große Hakenkreuzflagge.

Gleichzeitig überschreiten deutsche Truppen im Norden von Pommern und Ostpreußen aus Polens Grenze; im Süden rücken sie aus Schlesien und der Slowakei vor. Vielerorts entbrennen heftige Kämpfe. Doch lange können die polnischen Streitkräfte, die von Sturzkampfbombern aus der Luft attackiert werden, nirgends standhalten.

In den frühen Morgenstunden wirft ein deutsches Luftgeschwader Bomben auf die Kleinstadt Wieluń, 85 Kilometer südwestlich von Lodz. Zwei weitere Angriffswellen folgen. Immer wieder feuern die Besatzungen auch mit ihren Bordwaffen auf die Menschen am Boden. Weit mehr als die Hälfte der Gebäude werden zerstört, 1200 Menschen sterben.

In ganz Westpolen greifen die Sturzkampfbomber Militärlager an, zerstören auch hinter der Front liegende Industriebetriebe und Warenlager. Große Teile der heimischen Luftwaffe vernichten sie noch am Boden.

Kurz vor 10.00 Uhr, Berlin: Hitler fährt in einer Wagenkolonne zum Reichstag, der seit dem Brand des deutschen Parlaments im Februar 1933 etwa 250 Meter westlich im Gebäude der Kroll-Oper tagt.

Der Diktator trägt an diesem Tag zum ersten Mal statt der braunen NS-Parteiuniform einen feldgrauen Wehrmachtsrock. Diese Uniform, verkündet er seinen Zuhörern, werde er erst nach dem Sieg wieder ablegen.

London, 18.00 Uhr: Der britische Premier tritt vor das Unterhaus und verliest eine Botschaft, die den Deutschen noch am Abend zugestellt werden soll: Das Vereinigte Königreich verlange von Deutschland, die Aggression gegen Polen zu stoppen und die deutschen Truppen sofort zurückzuziehen. Allerdings setzt er noch keine Frist.

Frankreich übergibt am Abend in Berlin durch seinen Botschafter eine ähnliche Note.

2. September, London, 16.30 Uhr: Das britische Kabinett tagt. Die Minister bedrängen Chamberlain, Hitler eine Frist zu setzen. Schließlich legt sich der Premier fest: Das Ultimatum gegen Deutschland soll am Tag darauf um 11.00 Uhr auslaufen.

Währenddessen dringen die deutschen Soldaten immer tiefer nach Polen ein. Ihnen folgen sechs „Einsatzgruppen" der Sicherheitspolizei und des Sicherheitsdienstes, um den Befehl Hitlers, die Polen „restlos zu zertrümmern", umzusetzen. Sie werden in den nächsten Wochen Tausende Juden, Priester und Intellektuelle ermorden.

3. September, Berlin: Für 9.00 Uhr kündigt sich der britische Botschafter im Auswärtigen Amt an. Ribbentrop will Henderson nicht empfangen und schickt seinen Dolmetscher Schmidt vor. Er selbst fährt in die Reichskanzlei. Mit ernster Miene betritt Henderson Ribbentrops Büro und bleibt mitten im Raum vor Schmidt stehen. Dann verliest er das Ultimatum: Ziehe sich Deutschland nicht bis 11.00 Uhr vom polnischen Territorium zurück, „wird von dieser Stunde an zwischen den beiden Ländern ein Kriegszustand bestehen".

Schmidt steckt das Papier in seine Aktentasche und eilt in die Reichskanzlei. Vor Hitlers Arbeitszimmer drängen sich Minister, alle warten ungeduldig auf seine Ankunft.

Hitler sitzt an seinem riesigen Schreibtisch, Ribbentrop steht rechts davon an einem Fenster. Beide blicken gespannt auf, als Schmidt in das Zimmer tritt und ihnen den Wortlaut des britischen Ultimatums übersetzt.

Danach herrscht völlige Stille.

„Wie versteinert saß Hitler da und blickte vor sich hin", schreibt Schmidt in seinen Memoiren. „Er war nicht fassungslos, er tobte auch nicht. Er saß völlig still und regungslos an seinem Platz." Nach einer endlos scheinenden Pause wendet er sich mit wütendem Blick an Ribbentrop: „Was nun?"

Der Außenminister erwidert mit leiser Stimme: „Ich nehme an, dass die Franzosen uns in der nächsten Stunde ein gleichlautendes Ultimatum überreichen werden."

London, 11.10 Uhr: Aus Berlin ist keine Reaktion eingetroffen – nun befiehlt Premier Chamberlain den britischen Streitkräften, sie

hätten sich „im Kriegszustand zu betrachten". Um 17.00 Uhr geht in Berlin die Kriegserklärung Frankreichs ein.

Um 21.00 Uhr besteigt Hitler einen gepanzerten Sonderzug und fährt Richtung Front.

Die Wehrmacht hat mittlerweile zahlreiche Ortschaften eingenommen. In Südwestpolen haben deutsche Panzer die Warthe überschritten. Immer noch leisten polnische Soldaten Widerstand. Einige der noch unzerstörten Kampfflugzeuge haben während des Tages mehrere Angriffe auf vorrückende Ver-

Am 19. September 1939 reist Adolf Hitler nach Danzig und lässt sich als Befreier feiern. Nach dem Feldzug beherrscht er die Hälfte Polens, den Rest kontrolliert die UdSSR

bände geflogen. Doch ein Großteil der polnischen Armee ist auf dem Rückzug.

Immer verzweifelter warten die Polen auf Unterstützung der Bündnispartner. Gerüchte machen zumindest für kurze Zeit wieder Mut: Franzosen und Engländer stehen schon auf deutschem Boden! Polnische Einheiten stoßen nach Berlin vor! In wenigen Stunden treffen die Verbündeten ein!

Tatsächlich aber bleiben die Polen allein auf sich gestellt. Am 6. September nehmen die Deutschen Krakau ein; zwei Tage danach erreichen die ersten Panzer Warschau. Eine knappe Woche später ist die Hauptstadt von der Wehrmacht umstellt. Und am 10. September attackieren deutsche Bomber Warschau – es ist der erste systematische Luftangriff auf eine europäische Großstadt. Die Angreifer fordern die Kapitulation. Doch die Befehlshaber in der Stadt weigern sich.

Am 17. September überschreitet die Rote Armee Polens Ostgrenze und rückt bis etwa zu der im Hitler-Stalin-Pakt vereinbarten Demarkationslinie vor. Kurz darauf flieht die polnische Regierung nach Rumänien.

25. September, Warschau: Seit dem Vortag fliegt die Luftwaffe nahezu ununterbrochen Angriffe gegen die Hauptstadt. Spätestens in einer Woche, melden Funker am Morgen eine Forderung Hitlers aus Berlin, müsse die Wehrmacht die Stadt eingenommen haben.

Nun setzt die Luftwaffe alle zur Verfügung stehenden Maschinen ein, selbst Transportflugzeuge. Ungezielt werfen Bomberbesatzungen Sprengkörper auf Häuser, Brücken, Straßen. 560 Tonnen Spreng- und mehr als 70 Tonnen Brandbomben verwüsten weite Teile der Stadt, zerstören Wasserleitungen, Krankenhäuser und Bahnhöfe. Überall in den Straßen liegen tote Menschen.

Am Tag darauf beschießt Artillerie die brennende Stadt, gleichzeitig rückt Infanterie vor. Doch der Stadtkommandant will Warschau unbedingt halten. Erst am Morgen des 27. September gibt er auf. Am nächsten Tag unterzeichnet er die offizielle Kapitulationsurkunde. Mehr als 30 000 Menschen sind bei der Belagerung ums Leben gekommen.

Am 6. Oktober ergeben sich überall in Polen die Verteidiger. 70 000 polnische Soldaten sind im Krieg mit Deutschland gefallen, 133 000 wurden verwundet, weitere 50 000 Mann sterben im Kampf gegen Stalins Truppen. Die Wehrmacht zählt 11 000 Tote und 30 000 Verwundete.

26. Oktober, Berlin: Per Erlass löst Hitler Polen auf. Er schafft die neuen Reichsgaue Westpreußen (später „Danzig-Westpreußen") und Posen („Wartheland") und setzt einen deutschen Generalgouverneur für das polnische Restterritorium ein.

Etwa die Hälfte des polnischen Staatsgebiets ist nun unter NS-Herrschaft. Stalin sichert sich den Rest des Landes. Polen als Staat gibt es nicht mehr.

London und Paris haben nach ihren Kriegserklärungen nichts getan, um Polen beizustehen. Die Beistandsverträge „hatten weder diplomatische noch militärische Substanz", so später der US-Historiker Anthony Adamthwaite: „Es fehlten gemeinsame Planungen und gemeinsame Perspektiven."

Während Berlin zum Angriff rüstete, waren Warschaus Verbündete vor allem auf die eigene Sicherheit bedacht. Wieder einmal hat Hitler „va banque gespielt" – und gewonnen.

Vorerst. ⬢

Dr. Ralf Berhorst, *Jg. 1967, ist Autor,* **Olaf Mischer,** *Jg. 1958, Verifikationsredakteur im Team von* GEOEPOCHE.

KRIEG AN ALLEN

Auf einer **Ponton-Brücke** überqueren Einheiten der Wehrmacht den Rhein bei Breisach. Für viele Deutsche ist der Feldzug gegen Frankreich gerechtfertigt: als Rache für die Niederlage im Ersten Weltkrieg und den demütigenden Friedensvertrag von Versailles

FRONTEN

Im Spätsommer 1939 entfesselt das NS-Regime den lange geplanten Krieg um Lebensraum und die Vormacht in Europa. Erstes Angriffsziel ist Polen, kurz darauf folgt Skandinavien, bevor sich die Wehrmacht nach Westen wendet, gegen Frankreich. Unaufhaltsam rückt sie bis zum Ärmelkanal vor. Die Invasion Großbritanniens, mit permanenten Attacken der Luftwaffe vorbereitet, scheint bevorzustehen. Und bald weitet sich der europäische Konflikt zum totalen und globalen Krieg aus —— Bildtexte: FRANK OTTO

DER STURM AUF FRANKREICH

Binnen weniger Wochen erobern deutsche Panzerdivisionen halb Frankreich – die Geschwindigkeit und Gewalt, mit der Hitlers Truppen auf ihrem Marsch gen Westen vorstoßen, lähmt viele Verteidiger. Am 22. Juni 1940 muss die französische Regierung ein erniedrigendes Waffenstillstandsabkommen unterzeichnen

Deutsche Pioniere errichten eine Behelfsbrücke. Der rasche **Vormarsch** der Wehrmacht löst eine Massenpanik aus, mehr als sechs Millionen Menschen fliehen nach Süden

Im Straßengraben sind zwei **Flüchtlinge** und ein französischer Soldat in Deckung gegangen. Angsterfüllt suchen sie den Himmel nach deutschen Tieffliegern ab

Flammen schlagen aus einem Haus im nordfranzösischen **Rouen**. Wo die deutschen Verbände auf dem Boden nicht schnell genug weiterkommen, bahnt ihnen die Luftwaffe mit Bombardements den Weg

Flüchtlinge passieren verlassene **Spähpanzer** der französischen Armee. Die Wehrmacht erbeutet in Frankreich viele dieser Kampfwagen und setzt sie bei späteren Feldzügen ein

Ende Mai 1940 schließt die Wehrmacht zahlreiche alliierte Verbände am Strand von **Dünkirchen** ein. Als einziger Ausweg bleibt den Belagerten die Evakuierung nach England

Eine **Messerschmitt Bf 110** über England. Nachdem der deutsche Versuch gescheitert ist, die Lufthoheit über der Insel zur Vorbereitung einer Invasion zu erringen, befiehlt Berlin die Bombardierung von britischen Städten

Im September und Oktober 1940 greift die Luftwaffe London 57 Nächte in Folge an. Während der Attacken schlafen Zehntausende in den **U-Bahn-Stationen** wie hier in der Haltestelle Elephant & Castle

Mühsam suchen sich Passanten an der Londoner **Piccadilly Street** nach einem Luftangriff einen Pfad durch die Trümmer. Die meisten Briten sind entschlossen, trotz der Angst vor den Bomben ihr normales Leben weiterzuführen

GRIFF NACH DER INSEL

Nach den Siegen auf dem Kontinent richtet sich die Wehrmacht gegen Großbritannien. Seine Piloten, so prahlt Luftwaffenchef Hermann Göring, würden die Royal Air Force in vier Wochen ausschalten – und England, Deutschlands letzten großen Widersacher in Europa, zur Kapitulation zwingen. Im August 1940 beginnt die »Battle of Britain«, die größte Luftschlacht der Geschichte

Nach dem Beginn der deutschen Luftangriffe schwört Großbritanniens Premier **Winston Churchill** (hier bei der Besichtigung von Bombenschäden im Parlament) seine Landsleute auf einen langen, entbehrungsreichen Kampf ein. Wenn sie sich unbeugsam zeigen, so sein Kalkül, werden die USA an ihrer Seite in den Krieg eintreten

Einzeln patrouillieren die deutschen U-Boote im **Atlantik**. Doch wenn sie einen Handelskonvoi entdecken, greifen mehrere Boote gemeinsam in der »Wolfsrudel-Taktik« an

Die Brückenwacht eines deutschen **U-Bootes** auf Atlantikfahrt sucht den Horizont nach Handelskonvois ab, die Großbritannien mit Rohstoffen beliefern sollen

JÄGER IM WELTMEER

Von den ersten Kriegstagen an machen deutsche Kampfschiffe und U-Boote Jagd auf gegnerische Handelskonvois – vor allem, um Großbritannien vom Güterverkehr aus Übersee abzuschneiden. In den ersten drei Monaten des Jahres 1941 versenken sie mehr als 850 000 Tonnen Schiffsraum. Doch bereits im folgenden Jahr beginnt sich das Blatt zu wenden. Denn den Alliierten gelingt es, den deutschen Funkverkehr zu entschlüsseln, und sie können die U-Boote nun mit Sonar- und der neu entwickelten Radartechnik orten

Gleißendes Licht umhüllt die Silhouette der **»Bismarck«**, als sie am 24. Mai 1941 eine Breitseite auf die britische »Hood« abfeuert; der Schlachtkreuzer explodiert und sinkt. Doch auch die »Bismarck«, mit 250 Meter Länge größtes Schiff der deutschen Kriegsmarine, wird in dem Duell schwer getroffen – nur drei Tage später geht sie im Kampf gegen die Royal Navy unter

TERROR UND VERNICHTUNG

Mit dem »Unternehmen Barbarossa«, dem Angriff auf die Sowjetunion, beginnt die zweite Phase des Weltenbrandes, der nun zu einem globalen Konflikt wird, wie es ihn in der Geschichte noch nie gegeben hat: zu einem Vernichtungskrieg, in dem nicht mehr der Sieg über den Gegner das Ziel ist – sondern dessen völlige Auslöschung. Dazu gehört auch die systematische Ermordung von Millionen Zivilisten

Beim Vormarsch nach Osten zerstören die Soldaten der **Wehrmacht** in der Sowjetunion rund 1700 Städte, 70 000 Dörfer und, wie hier im ukrainischen Charkow, zahllose Bauernhöfe

Eine Frau, ihr Mann und Kind nach der Flucht aus **Minsk**, am 9. August 1941. Große Teile der weißrussischen Stadt sind bei den Kämpfen zerstört worden

Mehr als drei Millionen Soldaten der **Roten Armee** geraten bis Ende 1941 in deutsche Gefangenschaft. Die meisten von ihnen werden die brutale Lagerhaft nicht überleben

SS-Chef **Heinrich Himmler** (vorn), hier beim Besuch eines Kriegsgefangenenlagers, plant die Vertreibung der sowjetischen Bevölkerung – um Siedlungsland für Deutsche zu gewinnen

MÖRDER IN UNIFORM

Hitlers Generäle wissen, was für einen Feldzug der Diktator von ihnen im Osten erwartet: einen rücksichtslosen Vernichtungskampf gegen den »jüdischen Bolschewismus«. Und so folgen den Soldaten spezielle Einsatzgruppen, die in den eroberten Gebieten Hunderttausende kommunistische Funktionäre, vermeintliche Partisanen und vor allem Juden ermorden – mithilfe des Militärs

Am 16. Oktober 1941 ermorden Männer der Einsatzgruppe C alle Juden aus Lubny in der **Ukraine** – durch Zufall sind Aufnahmen von den Vorbereitungen des Massakers erhalten

Wegen ihrer angeblichen **»Umsiedlung«** fordert die deutsche Ortskommandantur die Juden von Lubny auf, sich zu versammeln und Verpflegung für drei Tage sowie warme Kleidung mitzunehmen

Polizisten treiben die Versammelten auf ein **abgeriegeltes Feld** in der Nähe der Stadt. Wahrscheinlich weiß diese junge Mutter mit ihren Kindern, dass sie dort auf den Tod warten

Die NS-Schergen beschlagnahmen die **Habseligkeiten** der Juden und zwingen sie dann, sich zu entkleiden, in Gruppen zu einer Grube geführt und dort erschossen. Einen »störungslosen« Vollzug und 1800 Ermordete meldet der Bericht des Todeskommandos von diesem Oktobertag

Neben den Einsatzgruppen sind es oft auch Wehrmachtskommandos, die sowjetische Zivilisten **exekutieren**, wie hier 1942 im Nordabschnitt der Ostfront

Wer unter den Ghettobewohnern keine Wertsachen mehr hat, die er verkaufen kann, muss kaum bezahlte Sklavenarbeit verrichten – oder **betteln**, wie dieser Mann

Ein Mann ist auf offener Straße zusammengebrochen. Der **Hunger** schwächt die Menschen im Ghetto. Denn die Lebensmittelrationen, die die Besatzer ihnen zuteilen, decken nur ein Zehntel des täglichen Kalorienbedarfs

Hinter der Mauer herrscht drangvolle Enge: Das **Ghetto** ist nur etwa vier Quadratkilometer groß, und die Deutschen zwängen immer mehr Juden aus dem okkupierten Territorium hinein. 1941 leben hier 460 000 Menschen, manchmal müssen sich mehr als ein Dutzend ein Zimmer teilen

DAS GHETTO VON WARSCHAU

Vier Wochen nach dem Überfall auf Polen hat die Wehrmacht Warschau eingenommen. Damit fiel auch die mit 380 000 Mitgliedern größte jüdische Gemeinde Europas in die Hände der Deutschen. Die Besatzer erklären die vornehmlich jüdischen Wohngebiete in der Altstadt zum »Seuchensperrgebiet«. Das so allmählich entstehende Ghetto wird durch eine Mauer vom Rest der Stadt abgeriegelt – ohne Sondergenehmigung darf kein Jude mehr den Sektor verlassen

Stigmatisierung: Um stets erkennbar zu sein, müssen alle Juden über zwölf Jahren in Warschau immer eine **Armbinde** mit Davidstern tragen. Wer das Ghetto ohne Genehmigung verlässt, dem droht die Todesstrafe

In manchen Monaten **sterben** 5000 Menschen im Ghetto: Sie werden von den Wachen ermordet, erliegen Krankheiten wie Fleckfieber, Typhus oder Tuberkulose oder verhungern – wie diese Frau vor den Augen der Passanten

Mütter mit ihren Kindern und einige Alte verstecken sich zu Beginn des Aufstands im Ghetto – und hoffen auf ein Wunder. Doch die **Deutschen** spüren fast alle auf und treiben sie aus dem brennenden Judenbezirk

Die deutschen Todesschwadronen setzen Artillerie und Flammenwerfer ein, um jeden Unterschlupf der Widerstandskämpfer zu vernichten. Dennoch kommen die **SS-Trupps** nur langsam voran, verlieren im Kampf Dutzende Männer

Verhaftung von Ghettobewohnern. Vier Wochen lang wehren sich die Rebellen mit ein paar geschmuggelten Pistolen gegen die Übermacht der schwer bewaffneten SS. Am 16. Mai 1943 enden die Häuserkämpfe

AUFSTAND DER TODGEWEIHTEN

Es ist eine Rebellion der Verzweifelten: Am 19. April 1943 erheben sich die Juden im Warschauer Ghetto, die in das Vernichtungslager Treblinka deportiert werden sollen, gegen die deutschen Besatzer. Der von vornherein aussichtslose Freiheitskampf soll ein Zeichen setzen: dass nicht alle Juden sich widerstandslos in ihr Schicksal fügen wollen

Mit vorgehaltener Waffe führen SS-Männer eine Gruppe jüdischer Frauen und Kinder ab. Die letzten überlebenden Ghettobewohner werden nach der Niederschlagung des Aufstands in mehrere Vernichtungslager **deportiert**. Nur wenigen gelingt die Flucht aus dem Inferno – sie entkommen durch die Kanalisation

Als die deutsche 6. Armee am 13. September 1942 ins Zentrum Stalingrads vorrückt, sind von der Stadt nur noch **Ruinen** übrig. Mehr als 1000 Tonnen Bomben hat die Luftwaffe über ihren Vierteln abgeworfen

Soldaten beider Seiten nutzen die Ruinen als **Versteck** sowie als dürftige Unterkunft im bald hereinbrechenden Winter (Rotarmisten nehmen einen Deutschen fest)

Sowjetische **Scharfschützen**, getarnt durch weiße Winteranzüge, durchstreifen die Trümmer. Um jede Straße und jedes Haus wird erbittert gekämpft. Manche Gebäude wechseln an einem Tag mehrmals den Besitzer

DIE SCHLACHT UM STALINGRAD

Es scheint der Höhepunkt der deutschen Macht zu sein: Im Sommer 1942 erreicht die Wehrmacht den Kaukasus. Das von den Deutschen eroberte Territorium erstreckt sich nun von hier bis in die Bretagne. Doch im September beginnt der Kampf um das strategisch bedeutende Stalingrad. Und das Ringen um die Stadt an der Wolga, die den Namen des Sowjetdiktators trägt, wird zum Wendepunkt des Russlandfeldzuges

Bis Mitte November 1942 erobert die Wehrmacht den größten Teil Stalingrads. Doch dann beginnt der Gegenangriff. Die Deutschen werden eingekesselt, ihre Führung muss am 31. Januar 1943 **kapitulieren**. Rund 100 000 deutsche Soldaten sind gefallen, vermutlich 110 000 werden wie diese Männer gefangen genommen

Die Stimmen von Auschwitz

Mehr als eine Million Menschen ermordet die SS im Konzentrationslager Auschwitz: Juden, Homosexuelle, Roma und Sinti, Oppositionelle. Keine Beschreibung eines Außenstehenden vermag den Zuständen in dem größten Vernichtungslager des NS-Regimes gerecht zu werden; das können nur die Berichte der Häftlinge selbst

Gegen Mittag kam mein älterer Kollege und sagte sehr verlegen: „Irgendwelche Herren suchen dich und wollen mit dir sprechen." Durch das Fenster erblickte ich zwei hochgewachsene Uniformierte. Da haben sie mich also doch erwischt, dachte ich. Einer von ihnen wandte sich in akzentfreiem Polnisch an mich: „Sie sind also Herr Sobolewicz." „Ja", antwortete ich, und er wiederholte: „Tadeusz Sobolewicz, nicht wahr?" „Das stimmt", gab ich zurück. „Sie kommen mit", warf der zweite – in minder höflichem Ton – ein. Auf der Straße stand ein Auto. Sie befahlen mir, mich auf den Rücksitz zu setzen. Der Wagen fuhr an.*
Tadeusz Sobolewicz, geb. 1924 in Posen, wurde im Alter von 17 Jahren als Kurier einer Widerstandsgruppe verhaftet, er überlebte sechs Konzentrationslager

Am 24. Januar 1943 ist es so weit. Die Vorladung des Sicherheitsdienstes, die wir in Händen halten, beendet die monatelange Spannung. Wir haben uns am 27. Januar morgens in einer Schule in der Nähe des Bahnhofs einzufinden. Sämtliche Dokumente sind mitzubringen, ein Verzeichnis der in der Wohnung hinterlassenen Gegenstände ist anzufertigen. Wir jungen Leute empfinden unser Schicksal als nicht besonders schlimm. Es trifft uns alle, wir sind zusammen.
Max Mannheimer, geb. 1920 in der Tschechoslowakei, heiratete vier Monate vor der Deportation, er sah seine Frau an der Selektionsrampe von Auschwitz zum letzten Mal

* Kürzungen innerhalb der Zitate sind nicht kenntlich gemacht

Von den deutschen Soldaten im Schnellverfahren abgezählt, sind wir, das Herz schwer wie Blei, 1200 an der Zahl, in Viehwaggons gestiegen, die im Vorhinein für uns vorbereitet worden waren: 60 pro Waggon, Männer, Frauen und Kinder bunt durcheinander; auf dem Boden ein paar schmutzige Strohsäcke, ein Abortkübel, ein Eimer Wasser. Die Türen der Waggons werden verplombt; wir richten uns in der Dunkelheit ein, so gut wir können, und die Reise ins Ungewisse beginnt.
Sima Vaisman, geb. 1902, Zahnärztin in Paris, wurde im Januar 1944 nach Auschwitz deportiert

Die Waggontüren waren sofort geschlossen worden, doch erst abends setzte sich der Zug in Bewegung. Unseren Bestimmungsort hatten wir mit Erleichterung vernommen. Auschwitz. Damals für uns ein Name ohne Bedeutung; aber er musste immerhin einem Ort dieser Erde angehören.
Primo Levi, geb. 1919 in Turin, Chemiker und Partisan, kam im Februar 1944 nach Auschwitz

Neben mir stehen an der Luke zwei Mädels von zehn und zwölf Jahren, glückselig. Das ist die erste Reise, die sie in ihrem Leben machen. Sie haben die ganze Nacht Ausschau gehalten, die mitwandernden Sternbilder beobachtet, die Sichel des abnehmenden Mondes bewundert, wie sie hinter den Bergeshöhen hervorschlüpfte. Sie staunen über jeden Fluss und jeden Hügel und rühren sich nicht von ihrem Ausguck weg.
Lucie Adelsberger, geb. 1895 in Nürnberg, Ärztin, wurde im Mai 1943 nach Auschwitz deportiert

Der Zug hält, setzt sich wieder in Bewegung, man weiß nichts, man hört nichts. Kein Wasser mehr, der Abortkübel läuft über, die Leute, die drum herumsitzen, werden dauernd bespritzt. Wir versuchen, durch den Spalt zwischen den Türen mit den Wachposten zu verhandeln, dass sie uns wenigstens erlauben, den Abortkübel zu leeren und ein wenig Wasser in einem Bahnhof zu holen. Nichts zu machen, sie hören nicht auf uns. Unruhig, schmutzig, erschöpft und sterbend vor Durst erwarten die Menschen voller Ungeduld die Ankunft im Lager.
Sima Vaisman

Es war dunkel, als der Zug anhielt. Die Morgendämmerung begann kurz darauf, und das Licht brach durch die Fenster. Es war jetzt hell genug, um in der Ferne Einzäunungen auszumachen. Wir mussten an einem Lager sein, und zumindest würde diese Not nun ein Ende haben. Den Rauch mit dem Geruch von brennendem Fleisch, den wir plötzlich rochen, schrieben wir der Reibung zwischen den Rädern des Zuges und den Gleisen zu.

Als die Lokomotive langsam weiterkroch, sahen wir Fremde in gestreifter Kleidung auf einem Hügel, die wie Roboter liefen und unseren Zug anstarrten, als hätten sie uns erwartet. Wir schrien und fragten sie, wo wir seien. Aber kein Wort kam zurück, nur ein Zeichen von einem von ihnen: Er ließ seine Hand über die Brust gleiten, so als ob er sie zerschneiden würde. Die anderen, die unseren Zug beobachteten, drehten die Finger in der Luft. Wir starrten sie erschreckt und ungläubig an, denn dieses Zeichen bedeutete Krematorium. In die nun folgende Stille hinein fragte ein vielleicht 16-jähriger Junge, was die seltsamen Gesten zu bedeuten hätten. Niemand antwortete ihm.
Benjamin Jacobs, geb. 1919 in Polen, wurde im August 1943 deportiert. Seine Schwester und die Eltern wurden ermordet

Die Tür wurde krachend aufgerissen, das Dunkel hallte wider von Befehlen, jenem barbari-

Direkt ins Lager Auschwitz-Birkenau führen die Gleise der Reichsbahn. Von dort sind es nur noch wenige Hundert Meter zu den vier großen Gaskammern und Krematorien. Die Effizienz der Massentötung ist das oberste Ziel der SS – und so wird Auschwitz zum Symbol für den industriellen und systematisch geplanten Völkermord durch die Deutschen

schen Gebell kommandierender Deutscher, die sich eines jahrhundertealten Ingrimms zu entledigen schienen. Vor uns erkannten wir einen von Scheinwerfern angestrahlten Bahnsteig. In geringer Entfernung eine Reihe von Lastautos. Dann war Schweigen.
Primo Levi

Die Türen öffneten sich und erschreckten uns mit ihrem lauten Knall. „Raus! Alle raus! Alles liegen lassen!", riefen die SS-Männer. Die zementierte Rampe war überfüllt mit SS-Männern. „Raus", schrien sie, während ihre Hunde knurrten und die Zähne fletschten. Das Wort Auschwitz hing wie ein schlechtes Vorzeichen in der Luft.
Benjamin Jacobs

Vor dem Zug müssen wir in einer Reihe Aufstellung nehmen. Wir sehen uns einem jungen SS-Offizier in Lackstiefeln und mit Goldtressen gegenüber. Sein Name: Dr. Mengele. Im Gänsemarsch ziehen die Männer, Frauen und Kinder vorüber. Auf Wink des Arztes stellen sie sich links oder rechts auf. In der Reihe auf der linken Seite befinden sich hauptsächlich Alte, Krüppel, Schwache und Frauen mit Kindern unter 14 Jahren. Die rechte Gruppe ist die der Arbeitsfähigen. Was ich nicht wusste: Die linke Gruppe trat wenige Minuten nach dem Abmarsch durch das Tor in eines der Krematorien.
Miklós Nyiszli, geb. 1901 in Siebenbürgen, wurde im Mai 1944 nach Auschwitz deportiert

Falls sich im Transport Juden befinden, so haben sie kein Recht, länger zu leben als zwei Wochen. Falls es Geistliche gibt, können sie einen Monat leben; alle anderen drei Monate.
Ansprache an neue Häftlinge von dem SS-Schutzhaftlagerführer Karl Fritzsch

Wachtürme, elektrisch geladener Stacheldraht und ein breites Tor bilden den Eingang zum Lager Birkenau. Wir durchschritten das Tor ohne Misstrauen. Der erste Anblick: Hunderte bleiche, zerlumpte Gestalten, mit Hacke und Schaufel bei der Arbeit, ständig von Prügeln bedroht. Uns krampfte sich das Herz zusammen, die Hoffnung schwand. Schließlich trieb man uns zu einer Baracke mit der Nummer 15. Wir waren völlig erschöpft, aber es gab keine Sitzgelegenheit, und wir durften uns auch nicht auf den Boden setzen. Da tauchte ein Gesicht auf, das uns bekannt war: ein gewisser Leon Yahiel, der schon vor uns deportiert worden war. Jetzt gehörte er zum Personal, das die Ankommenden zu registrieren hatte. Er betätigte sich auch als Dolmetscher. Ohne jede Einleitung erklärte er uns: „Gefangene! Ihr seid hier in einem Todeslager. Während ich zu euch spreche, sind eure Frauen und Kinder schon tot."

Er zeigte mit dem Finger auf mehrere Gebäude, aus deren hohen Schornsteinen Flammen züngelten, und fuhr fort: „Die Flammen, die ihr dort aufsteigen seht, kommen von ihren brennenden Körpern. Die großen Gebäude, die wie Fabriken ausschauen, sind Krematorien. Von jetzt an ist jeder von euch allein auf der Welt, und keiner weiß, wie lange er noch auf der Welt bleibt. Ihr werdet unter

Neuankömmlinge warten auf die Befehle der SS-Wachen. Wer schwach ist, zu alt oder zu jung, wird sofort als »arbeitsunfähig« aussortiert und zu den Gaskammern geführt

Bedingungen arbeiten müssen, die schlimmer sind als bei Galeerensträflingen. Jeder von euch muss versuchen, durchzukommen, so gut er kann, wenn er solange wie möglich am Leben bleiben will."

Zuerst glaubten wir, diese Rede sei die Fantasie eines Geistesgestörten. Die Hoffnung war so fest in uns verankert, dass wir seinen Worten keine Bedeutung beimaßen.
Albert Ménaché, geb. 1898 in Thessaloniki, wurde im Juni 1943 nach Auschwitz deportiert

Dieses Lager sah anders aus als alle, die ich zuvor gesehen hatte. Außen verlief ein mächtiger Drahtzaun, oben abgegrenzt mit Stacheldraht. Innerhalb dieser Umzäunung befand sich ein zweiter, offensichtlich elektrisch geladener Zaun. Hoch oben in Türmen saßen Männer der Waffen-SS in grünen Uniformen. Ihre Gewehre zeigten in das Lager. Vor dem Tor war ein Schild mit der Aufschrift „Halt, Hochspannung!". Über dem Tor war auf einem weiteren Schild zu lesen „Auschwitz" und darunter „Arbeit macht frei". Wir wussten, dies war kein Versprechen, noch bot es das kleinste bisschen Sicherheit. In Wahrheit waren wir hier, um uns zu Tode zu arbeiten.
Benjamin Jacobs

Der erste Gang führte ins Badehaus. Dort begann die eigentliche Prozedur: Ausziehen, Haareschneiden, nein, Kahlrasieren bis zum letzten Stummel, Duschen, Tätowieren. Nichts blieb, nichts von unseren Kleidern, keine Seife, kein Handtuch, keine Nadel und kein Essbesteck, nicht einmal ein Löffel; kein Schriftstück, kein Bild, kein Schriftzug derer, die wir liebten. Die Vergangenheit war abgeschlossen. Nichts blieb als das nackte Leben – für die meisten auch das nicht mehr lange.
Lucie Adelsberger

Mit einem Schlag sind wir nackt wie Würmer. Dann kommen wir unter die Hände der Friseuse. Meine Haare fallen auf den Fußboden. Mit einem Schaudern, das mir das Blut erstarren lässt, fühle ich, dass sie den Rasierapparat direkt über meinen Schädel führt.

Als ich von meinem Stuhl aufstehe und um mich blicke, ist mir, als erlebte ich einen bösen Traum. Ich bin von nackten, unkenntlichen Frauen umgeben: kahle, eiförmige Köpfe, die Ohren zu beiden Seiten abstehend wie die Henkel einer Amphora. Ein verrücktes Lachen, nervös, hysterisch, packt mich.
Macha Ravine, französische Jüdin

Ein Tisch wird hereingebracht. Häftlinge in gestreifter Kleidung kommen. Mit Karteikarten. Mit Tätowiernadeln. Namen werden aufgerufen. Zum letzten Mal. Später werden nur noch die Nummern gelten.

Der linke Unterarm ist das Namensschild. Edgar 99727, ich 99728, Ernst 99729. Unser Einbrennstempel. Wie beim Vieh. Damit es nicht verloren geht.
Max Mannheimer

Ich lernte, dass ich ein „Häftling" bin. Mein Name ist 174517; wir wurden getauft, und unser Leben lang werden wir das tätowierte Mal auf dem linken Arm tragen.
Primo Levi

Nun stehe ich hier. Der Himmel über mir ist schon voller Sterne. Die vom Abendwind abgekühlte Luft würde mich erfrischen, bliese sie mir nicht den Geruch der verbrannten Leichen entgegen.
Miklós Nyiszli

Wir wurden im Block 17 untergebracht, wo wir auf dem Fußboden zu liegen hatten. Um drei Uhr früh wurden wir zu der Arbeit getrieben. Zu essen bekamen wir mittags eine Kartoffel- oder Steckrübensuppe, am Abend Brot. Wer während der Arbeit die Grenzlinie überschritt, wurde ohne Warnung „auf der Flucht erschossen".

Es kam oft vor, dass der SS-Mann einem Häftling die Weisung gab, ein Werkzeug oder einen Gegenstand zu holen. Wenn dann der Häftling den Befehl befolgte, wurde er wegen Übertretung der Grenzlinie erschossen.
Rudolf Vrba, geb. 1924 in der Slowakei, wurde im Juni 1942 nach Auschwitz überstellt

Ich fragte ein Mädchen, warum sie alle so viel vom Sterben sprächen. Daraufhin sah sie mich erstaunt an und antwortete: „Ja glaubst du denn, du bist hergekommen, um zu leben?"
Grete Salus, geb. 1910 in Böhmen, wurde im Oktober 1944 deportiert

Die Frauen arbeiteten den ganzen Tag, standen zwei Stunden und länger im Regen Appell und legten sich abends mit verschwitzten oder nassen Kleidern ins Bett, um am nächsten Morgen um fünf Uhr fröstelnd zu erwachen und wieder Appell zu stehen.
Ella Lingens, geb. 1908 in Wien, wurde im Februar 1943 nach Auschwitz deportiert

Ende November müssen alle Kinderkleidung und Kinderspielzeug sortieren. Befehl aus Berlin, sagen uns die SS-Leute. Wir wissen, dass Weihnachten naht, dass man den deutschen Kindern Geschenke machen muss. Und die Kleider und Spielsachen von Hunderten lebendig verbrannter Kinder werden die Augen der Kinder der SS zum Leuchten bringen.
Sima Vaisman

Der Anblick der von der Arbeit ins Lager zurückkehrenden Strafkompanie stellte ein gespensterhaftes Bild dar. Die einen wurden im „Rollwagen" gebracht, das waren die Toten. Etliche schob man in Schubkarren. Diejenigen, die nach der Arbeit noch gehen konnten, aber auf dem Weg mit ihren letzten Kräften auch die Fähigkeit verloren hatten, sich im Takt des Marsches fortzubewegen, fassten ihre Kameraden unter die Arme, um sie zu stützen.
Józef Kret, geb. 1895, Gymnasialprofessor in Krakau, wurde im Mai 1941 verhaftet

Ich erinnere mich, dass unser Kapo einmal im Winter zu uns sagte: „Jungs, weil ihr so schnell aufgeladen habt, könnt ihr euch ein bisschen wärmen. Geht in die Gaskammer, jetzt ist niemand da." Als wir in den Krematorien waren, haben wir uns alles angesehen. Wir wussten: heute die, morgen wir.
Jehuda Bacon, geb. 1929 im tschechischen Ostrava, kam mit 14 Jahren nach Auschwitz

Heute bin ich 23. Meine Brüder gratulieren. Nächsten Geburtstag in Freiheit! Ich habe Mühe, die Tränen zu unterdrücken. Härte macht nicht hart. Zumindest nicht mich.

Gegen Mittag hören wir ein großes Geschrei aus dem Nebenblock. Ein Häftling hat aus einer Decke ein Stück herausgeschnitten. Für Fußlappen. „Alle drei Blocks antreten! Alle für einen!", brüllt der Blockälteste. Jetzt lässt er uns in die Kniebeuge gehen. Aufstehen! Kniebeuge! Auf! Kniebeuge! Nach einer Stunde kippen die Ersten um. Nach sieben Stunden dürfen wir in die Blocks. Die Liegengebliebenen werden zur Seite geschleift. Ja, es war mein 23. Geburtstag.
Max Mannheimer über den 6. Februar 1943

Zur Bewachung der Häftlinge sind 2300 SS-Angehörige vorhanden. Für die Außenlager stehen 650 Wachmannschaften zur Verfügung. Neben der unmittelbaren Sicherung des Lagers durch Postentürme und elektrisch ladbare Drahtumzäunung ist als innerer Ring eine Bunkerlinie geschaffen worden.
Geheime Reichssache vom 5. April 1944, verfasst von SS-Mann Oswald Pohl

Mala ist geflohen! Diese überraschende Neuigkeit erfahren wir aus Bruchstücken eines Telefongesprächs, das der diensthabende SS-Mann von der Politischen Abteilung im Nebenzimmer führt, jede Silbe betonend: „An alle Stapo- und Kripoleitstellen, an alle Gendarmerieposten! Der jüdische Häftling Mala Zimetbaum ist entflohen …"

Dann kam der Anruf: „Gefasst."
Raya Kagan, geb. 1911 in Charkow, Ukraine, wurde im Juni 1942 deportiert

Es ist Sonntag, die Musik spielt zur Unterhaltung. Unterhaltung? Vor der Küche wird ein Galgen aufgebaut. Häftlinge werden aus dem Bunker gebracht. Sie besteigen die bereitgestellten Stühle, Schlingen werden ihnen um den Hals gelegt. Die Stühle mit einem Ruck weggezogen. Zwei Stunden bleiben die Gehängten hängen. Zur Warnung. Die Musik spielt weiter.
Max Mannheimer

Wir gaben „Konzerte" – ob man es glaubt oder nicht – an Sonntagen, manchmal im Freien zwischen Lager A und B oder im Revier. Außerdem mussten wir immer bereit sein, etwas zu spielen, wenn SS-Leute in unseren Block kamen. Sie kamen meistens, um sich von den „Strapazen" der Selektionen zu erholen, bei denen sie entschieden, wer leben und wer sterben sollte. Bei einer solchen Gelegenheit spielte ich die Träumerei von Schumann für Dr. Mengele.
Anita Lasker-Wallfisch, geb. 1925 in Breslau, Cellistin

„Achtung! Mädchen, schnell! Herr Kommandant Kramer kommt!" Eingefroren in ein eindrucksvolles Stillgestanden erwarten wir Kramer. Er tritt ein, begleitet von zwei SS-Offizieren. Er geht auf die für diesen Zweck aufgestellten Stühle zu, setzt sich, nimmt die Schirmmütze ab und legt sie neben sich hin. Immer noch im Stillgestanden, wie es sich gehört, wenn man mit einem Offizier spricht, fragt Alma ängstlich: „Was möchte der Herr Lagerführer hören?"

„Die Träumerei von Schumann." Und sehr gefühlvoll fügt er hinzu: „Das ist ein bewundernswertes Stück, das geht ans Herz."
Fania Fénelon, geb. 1922 in Paris, Chansonsängerin und Mitglied der Résistance, wurde im Mai 1943 von der Gestapo verhaftet

Ich will überleben. Es gibt eine Kraft, die mich hält. Vielleicht mein Bruder? Bestimmt mein Bruder. Was hält wohl die anderen? Den

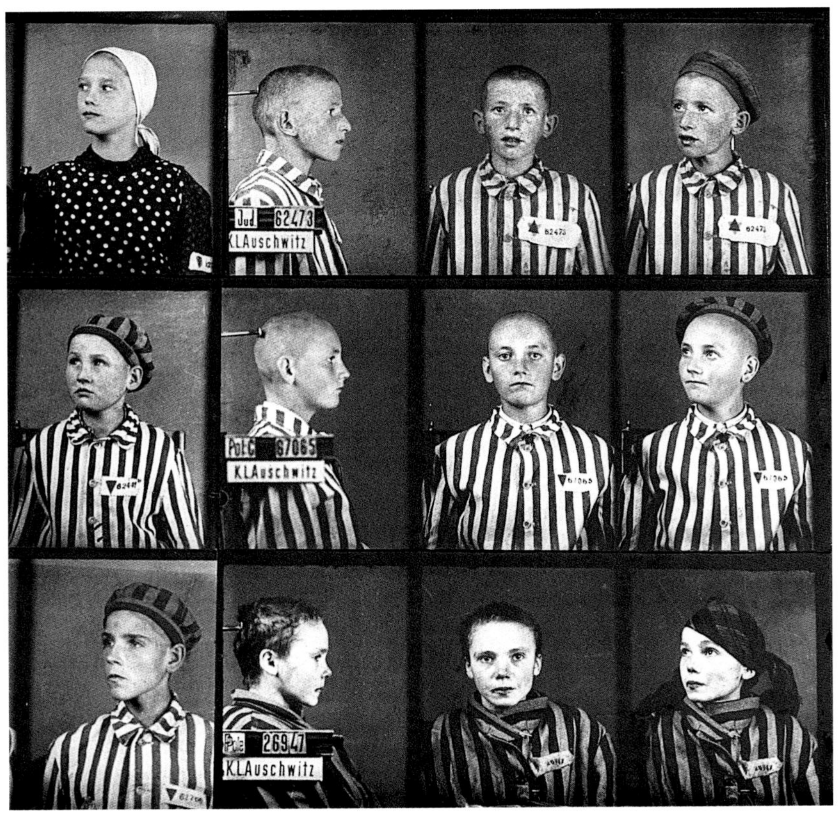

Als Kleidung müssen Häftlinge meist gestreifte Anzüge aus grobem Stoff tragen, dazu erhalten sie klobige Holzschuhe. Helfer registrieren und fotografieren sie nach Polizeimanier

Glauben an Gott habe ich längst verloren. Dies alles kann nicht vor Gottes Auge geschehen. Wozu diese Prüfung, falls es eine sein sollte? Wozu diese Opfer?
Max Mannheimer

Ich habe Angst vor Menschen – vor nichts solche Angst wie vor Menschen. Wie gut und wie böse sie werden können, dafür gibt es kein Maß, keine Basis, keine Sicherheit.
Grete Salus

Schnell stumpfen die Gefühle der Unglücklichen ab, und ein Zustand der Gewöhnung und Gleichgültigkeit gegenüber den Leiden stellt sich ein. Der Tod von anderen, selbst die Wahrscheinlichkeit des eigenen Todes, beeindruckt nicht mehr. Die Menschen wenden nicht einmal mehr den Kopf hin, wenn sie Schreie von Erwürgten hören, und ich habe welche gesehen, die selbst, als sie Erhängungen zusehen mussten, dabei gegessen haben.
Désiré Haffner, geb. 1918, beteiligte sich am französischen Widerstand und wurde im Juli 1942 deportiert

In einiger Entfernung entdeckte ich einen Kapo. Mit einer Hand auf den Wagen gestützt, stand er auf einer Stange, die quer über dem Hals des darunterliegenden Häftlings lag. Mit gleichgültiger Miene wippte er rhythmisch, ohne darauf zu achten, ob sein Opfer noch am Leben war oder schon erstickt.
Józef Kret

Der Junge schlang seine Brotportion gierig hinunter, während der Vater sein Stück an die Brust presste. Kaum hatte der Junge sein Brot hinuntergewürgt, blickte er sich hastig um, entriss seinem Vater dessen Portion und stopfte sie sich in den Mund. Der Alte stieß mit letzten Kräften einen Schrei aus. Der Blockälteste kam und nahm beide mit sich. Sie kamen nicht mehr zurück.
N. Feinstein, Vita unbekannt

Ich hatte keinerlei anderes Interesse als das für meine tägliche Suppe und das Stück altes Brot. Brot, Suppe – das war mein ganzes Leben. Ich war Körper; vielleicht sogar noch weniger: ein ausgehungerter Magen.
Elie Wiesel, geb. 1928 in Siebenbürgen, wurde 1944 mit seiner Familie nach Auschwitz deportiert

Mit dem Ende des Kochlöffels zeigt der Kapo auf die, die Nachschlag bekommen sollen. Nur die, die besser arbeiten, die Kräftigeren, die Gesünderen, erhalten einen zweiten Schlag. Ein kranker, schwacher Mensch hat kein Recht auf eine weitere Schüssel Brennnesselsuppe. Es darf kein Tropfen verschwendet werden, nicht an Leute, die ohnehin durch den Kamin wandern.
Tadeusz Borowski, geb. 1922, wurde im Februar 1943 verhaftet

Die Nahrung eines ganzen Tages enthielt etwa 15 g Eiweiß, 20 g Fett und etwa 300 g Kohlenhydrate. Das Schicksal eines Häftlings war also von vornherein entschieden.
Władysław Fejkiel, geb. 1911, polnischer Häftlingsarzt, seit Oktober 1940 in Auschwitz

Die Krematorien fielen nicht weiter auf. Ein großes Tor führte zu den sogenannten Auskleideräumen. Dort gab es nummerierte Plätze und auch Garderobenmarken. Pfeile an der Wand zeigten zu den Duschräumen. Die Beschriftung war in sechs oder sieben Sprachen angebracht. In dem riesigen Krematorium war alles spiegelblank. Nichts hat darauf hingedeutet, dass dort noch eine Nacht zuvor Tausende Menschen vergast und verbrannt worden waren.
Konrad Morgen, SS-Mann

Hier ist also das Ziel für die Menschen, die mit einer Handbewegung Dr. Mengeles nach links geschickt wurden. Die Kinder hängen schläfrig an den Röcken der Mütter, die Säuglinge werden meist von den Vätern getragen oder in Kinderwagen geschoben.

Den fast 3000 Männern, Frauen und Kindern wird befohlen, sich nackt auszuziehen. Schwerfällig beginnen sie, sich zu entkleiden. Ihre Kleider und die zusammengebundenen Schuhe hängen an den Haken. Und jeder prägt sich seine Nummer ein.
Miklós Nyiszli

Irgendeiner musste auf die Idee gekommen sein, dass es zweckmäßiger wäre, die Menschen nackt in die Gaskammer zu schicken; denn dann brauchte man sie hinterher nicht mehr mühsam und zeitraubend auszuziehen. Außerdem würden die noch Lebenden, wenn sie sich auszogen, ihre Kleidung nicht beschädigen, weil sie glaubten, dass sie sie noch brauchen würden.
Filip Müller, geb. 1922, über Goliath Fischl, Vorarbeiter eines Kommandos, das Ermordete zur Einäscherung vorbereiten musste

Die kleinen Kinder jammerten meist ob des Ungewohnten beim Ausziehen, doch wenn die Mütter gut zuredeten, oder die vom Sonderkommando, beruhigten sie sich und gingen spielend, sich gegenseitig neckend, ein Spielzeug im Arm, in die Kammern.
Rudolf Höß, 1940 bis 1943 Kommandant von Auschwitz, 1944 Standortältester

Es ist ein ungeschriebenes Gesetz des Lagers, dass man Menschen, die in den Tod gehen, bis zum letzten Augenblick belügt. Das ist die einzig zulässige Form von Mitleid.
Tadeusz Borowski

Zyklon tötet zuverlässig innerhalb von fünf Minuten. Nach 20 Minuten werden die elektrischen Entlüftungsapparate eingeschaltet, um die giftigen Gase zu vertreiben. Noch nach zwei Stunden verursachten sie einen erstickenden Reizhusten. Deshalb trägt das Sonderkommando, das jetzt mit Schläuchen hereinkommt, Gasmasken.

Die Leichen liegen nicht im Raum verstreut, sondern türmen sich hoch übereinander. Das ist leicht zu erklären: Das von

Die Herren von Auschwitz (v. l. n. r.): der Lagerarzt Josef Mengele, der Kommandant Rudolf Höß sowie Josef Kramer, Befehlshaber von Birkenau, und ein unbekannter deutscher Offizier

draußen eingeworfene Zyklon entwickelt seine tödlichen Gase zunächst in Bodenhöhe. Die oberen Luftschichten erfasst es erst nach und nach. Deshalb trampeln die Unglücklichen sich gegenseitig nieder, einer klettert über den anderen. Je höher sie sind, desto später erreicht sie das Gas. Welch furchtbarer Kampf um zwei Minuten Lebensverlängerung.
Miklós Nyiszli

Nachdem der ganze Vorrat an Leichen auf alle Retorten aller fünf Öfen verteilt war, beobachteten die Angehörigen der Kommission mit Uhren in der Hand den Verlauf der Verbrennung der Leichen, sie öffneten die Türen, schauten auf die Uhren, sprachen miteinander und wunderten sich, dass die Verbrennung so lange dauerte.

Weil die Öfen, obwohl seit der Frühe in ihnen geheizt wurde, völlig neu waren und noch nicht entsprechend aufgeheizt waren, dauerte das Verbrennen dieser Ladung ungefähr 40 Minuten.
Henryk Tauber, geb. 1917 im polnischen Chrzanów, Schuster, wurde 1943 aus dem Krakauer Ghetto nach Auschwitz deportiert, er arbeitete im „Sonderkommando" im Krematorium

Unsere Arbeit bestand darin, die Besitztümer von Menschen zu sortieren, die vergast und verbrannt worden waren. Eine Gruppe sortierte in einer Baracke ausschließlich Schuhe; in einer anderen wurde nur Männerkleidung durchgesehen, in der nächsten Frauenkleider, in einer weiteren Kindersachen.

Eine Baracke wurde die Fressbaracke genannt. Dort moderten und verfaulten Berge von Lebensmitteln, die von den Vergasten aus ihrer Heimat auf den Transport hierher mitgenommen worden waren. Wieder in einer anderen Baracke wurden Wertsachen, Juwelen, Geld und andere Kostbarkeiten sortiert.
Kitty Hart, geb. 1926 in Bielitz, Polen; wurde 1943 nach Auschwitz deportiert

Betrifft: Verwertung der abgeschnittenen Haare. Der Chef des SS-Wirtschafts-Verwaltungshauptamtes hat auf Vortrag angeordnet, dass das in allen KL anfallende Menschenschnitthaar der Verwertung zugeführt wird. Menschenhaare werden zu Industriefilzen verarbeitet und zu Garn versponnen. Aus ausgekämmten und abgeschnittenen Frauenhaaren werden Haargarnfüßlinge für U-Boot-Besatzungen und Haarfilzstrümpfe für die Reichsbahn angefertigt. Es wird daher angeordnet, dass das anfallende Haar weiblicher Häftlinge nach Desinfektion aufzubewahren ist. Schnitthaar von männlichen Häftlingen kann nur von einer Länge von 20 mm an Verwertung finden. Die Mengen der monatlich gesammelten Haare, getrennt nach Frauen- und Männerhaaren, sind jeweils zum 5. eines jeden Monats, erstmalig zum 5. September 1942 nach hier zu melden.
Erlass des SS-Wirtschafts-Verwaltungshauptamtes vom 6. August 1942

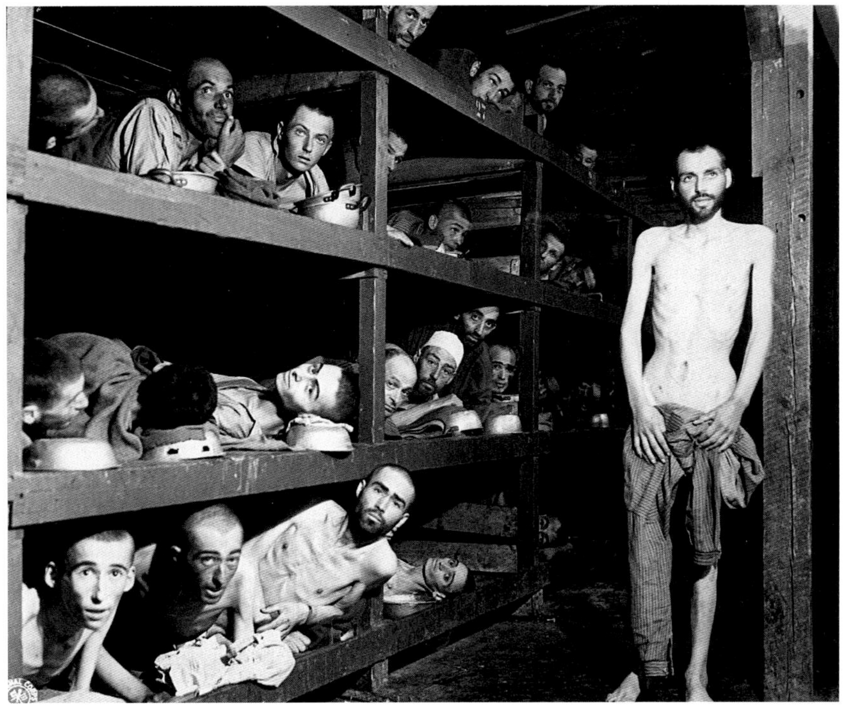

Der spätere Friedensnobelpreisträger Elie Wiesel (2. Reihe v. u., 7. v. l.) ist einer der wenigen Überlebenden von Auschwitz. Seine Mutter und eine Schwester werden in dem Todeslager ermordet (hier eine Aufnahme aus Buchenwald)

Die Leichen lagen auf dem Fußboden. Zunächst musste ich die Münder öffnen. Dazu brauchte ich Kraft. Die Münder waren gewissermaßen hermetisch geschlossen. Daher musste ich sie mit einer der Zangen gewaltsam öffnen. Wenn ich einen Goldzahn erblickte, zog ich ihn mit der zweiten Zange aus. Dazu hatte ich diese Doktorzange. Auch Zahnprothesen zogen wir.
Leon Cohen, geb. 1910 in Thessaloniki, musste die Goldzähne der Leichen ziehen

Sie gibt keuchende Laute von sich. Erschüttert stehen die Leute des Gaskommandos um sie herum. So etwas ist während ihrer Zeit noch nie vorgekommen! Wir ziehen den sich bewegenden Körper unter den auf ihm liegenden Toten hervor. Es ist ein noch ganz junges Mädchen. Ich schätze es auf etwa 15 Jahre. Seinen eiskalten Körper bedecken die Männer mit dicken Mänteln. Einer rennt zur Küche, um heißen Tee oder Suppe zu holen. Jeder will hier helfen, als kämpfe er um das Leben des eigenen Kindes.

Eine Viertelstunde später bringt man das Mädchen hinauf in den Vorraum des Heizungstraktes. Dort tötet man es durch Genickschuss.
Miklós Nyiszli

Nie werde ich die Nacht vergessen, die erste Nacht im Lager, die aus meinem Leben eine siebenmal verriegelte lange Nacht gemacht hat. Nie werde ich diesen Rauch vergessen. Nie werde ich die kleinen Gesichter der Kinder vergessen, deren Körper vor meinen Augen als Spiralen zum blauen Himmel aufstiegen. Nie werde ich die Flammen vergessen, die meinen Glauben für immer verzehrten. Nie werde ich das nächtliche Schweigen vergessen, das mich in alle Ewigkeit um die Lust am Leben gebracht hat. Nie werde ich die Augenblicke vergessen, und wenn ich dazu verurteilt wäre, so lange wie Gott zu leben …
Elie Wiesel

DER ANFANG VOM

ENDE

Der Krieg, mit dem das Deutsche Reich Europa und die Welt überzogen hat, fällt ab 1943 auf seine Urheber zurück: Bomberflotten zerschmettern Städte und Industrielandschaften; Artilleriebeschuss verwandelt Orte in Ruinenfelder. Doch trotz der Übermacht der Alliierten dauert der finale Akt des Weltenbrandes quälend lange – und wird zur blutigsten Phase des Zweiten Weltkriegs

Bildtexte: FRANK OTTO

US-Soldaten springen aus **Landungsbooten** in die Wellen vor dem Strand der Normandie. Es ist der Morgen des 6. Juni 1944: »D-Day«. Die Invasion der Alliierten gegen die deutschen Besatzer in Frankreich hat begonnen. Auch an dieser Front wird die Wehrmacht von nun an wie zuvor schon in Italien und der Sowjetunion von überlegenen Kräften immer weiter zurückgedrängt

INVASION IM MORGENGRAUEN

Am 6. Juni 1944 ziehen Amerikaner, Briten und Kanadier vor der Normandie die größte Invasionsflotte der Geschichte zusammen: 2000 Landungsboote bringen 175 000 Soldaten an den von den Deutschen schwer bewachten Strand. Für viele eine tödliche Mission

Fast schutzlos liegen **GIs** im Wasser, hinter sich leere oder zerschossene Boote. Schon bei der Landung geraten die alliierten Soldaten unter heftiges Feuer aus den deutschen Abwehrstellungen, die die normannische Steilküste sichern

Gefallener US-Soldat am Strand; die gekreuzten Gewehre neben ihm sind eine **Ehrenbezeugung** seiner Kameraden. 2500 Mann verlieren die Alliierten am ersten Tag der Landung. Doch die Invasion geht weiter

Bis zum 12. Juni sind die fünf **Landungsköpfe** an den Stränden der Normandie zu einer zusammenhängenden Basis von 100 Kilometer Breite und 30 Kilometer Tiefe verbunden. Hier bringen die Alliierten nun jeden Tag Zehntausende Soldaten sowie 14 000 Tonnen Material und Fahrzeuge an Land. Eine Riesenarmee, der die Wehrmacht bald hoffnungslos unterlegen ist

Text: HEINRICH JAENECKE

Wir wissen nicht, wie es in ihm aussah an diesem 20. April 1945, seinem Geburtstag, dem 56. Vermutlich war ihm klar, dass es sein letzter sein würde. Seit einem Monat hauste er unter der Erde, in einem lichtlosen Betonlabyrinth, abgeschottet von dem Inferno, das über ihm tobte, und seit Tagen war er nicht mehr heraufgekommen. Jetzt stand er in der Ruine seines Palastes und nahm die Glückwünsche seiner Satrapen entgegen. Die Stadt brannte. Am Morgen hatte die US-Luftwaffe noch einmal einen Angriff auf Berlin geflogen. Den Rest würden die sowjetischen Verbündeten besorgen. Die Front war auf 20 Kilometer herangerückt. Das Grollen der Artillerie lag über der Stadt wie die Ankündigung des Jüngsten Gerichts.

Er war am Ende – am Ende seiner körperlichen Kräfte und am Ende seines Weges. Er konnte sich nur noch mühsam bewegen. Seine Füße schleiften über den Boden, seine Hände zitterten unaufhörlich, während sein Gesicht eine maskenhafte Starre angenommen hatte. Seine Stimme war tonlos geworden und zuweilen kaum noch vernehmbar, seine Handschrift unleserlich – Symptome jener damals noch tödlichen Krankheit, die auf Deutsch Schüttellähmung heißt.

Um ihn herum war die Hölle. Sie war sein Werk: Wenigstens an diesen Untergang würde sich die Menschheit erinnern. Er hatte immer „einmalig“ sein wollen – der „Führer“, der Schöpfer des „Tausendjährigen Reiches“, der Weltherrscher. Sein Name sollte ewig weiterleben, das war sein Lebensziel, und er hatte es erreicht. Sein Name würde weiterleben für alle Zeit: als Synonym für Unmenschlichkeit. Und Deutschland würde diesen Namen als sein grausiges Vermächtnis tragen müssen, ein Brandmal, das sich nicht abwaschen lässt.

Er bedauerte nichts. Ein Gefühl der Befriedigung spricht aus seinen letzten Äußerungen. Er war von der Idee der Vernichtung besessen. Krass und unverhüllt trat das einzige Gefühl zutage, dessen er fähig war: ein satanischer Welthass.

Zehn Tage blieben ihm noch nach diesem Geburtstag – zehn Tage, in denen sich dieser Hass in einem apokalyptischen Totentanz austobt: Der geschlagene Welteroberer inszeniert seine eigene Götterdämmerung.

Mit gewaltigem Einsatz erringen die Alliierten die Luftherrschaft über Deutschland. Britische Flotten greifen meist in der Nacht an, die Amerikaner auch tagsüber mit solchen »Fliegenden Festungen«: Die viermotorigen **B-17-Bomber** fliegen in großer Höhe und haben eine Reichweite von mehr als 3200 Kilometern

»Operation Gomorrha«: In der Nacht zum 28. Juli 1943 werfen britische Bomber 2230 Spreng- und 325 000 Brandladungen über **Hamburg** ab. Binnen kürzester Zeit stehen in der Hansestadt Wohnblocks mit einer Straßenfront von 215 Kilometer Länge in Flammen

Durch Luftschutzsirenen und Rundfunkansagen gewarnt, fliehen viele Hamburger in Bunker. Nur Minuten später fallen die ersten Sprengbomben, ihre Detonationen lassen die Betonwände erbeben. Doch am verheerendsten sind die Feuer, die die Brandsätze auslösen (Eingang zu den **Schutzräumen** an der Reeperbahn)

FEUERSTURM

Was die deutsche Luftwaffe Warschau, Rotterdam oder Coventry zugefügt hat, vergelten die Alliierten ab 1942 mit massiven Flächenbombardements: Immer wieder greifen britische und amerikanische Flotten die Städte im Reich an. Bei der schwersten Attacke, der Bombardierung Hamburgs im Juli und August 1943 durch rund 2400 Maschinen der Royal und der US Air Force, kommen mehr als 35 000 Menschen ums Leben – vor allem durch Brände

Drei nächtliche **Großangriffe** treffen Hamburg im Hochsommer 1943. Zehntausende sterben in dem Inferno. Und fast eine Million Bewohner der Stadt werden obdachlos, denn zahllose Gebäude wie hier in der Bergstraße (Altstadt) und mehr als die Hälfte aller Wohnungen sind zerstört

Der Schauplatz ist gut gewählt: die Reichskanzlei, geschichtsträchtiger Boden, Ort seiner größten Triumphe und seiner kühnsten Träume. Hier, wo einst Bismarck residierte, übernahm er am 30. Januar 1933 „die Macht", hier empfing er die Großen der Welt, hier enthüllte er der Generalität seine Kriegspläne.

Unter dem Gelände der Reichskanzlei ist inzwischen ein gigantisches Bunkersystem entstanden. Die gesamte Infrastruktur der Reichskanzlei und des Führerhauptquartiers ist in die Erde versenkt: Nachrichtenzentrale, Wachmannschaften, Ordonnanzen, Kartenschreiber, Fuhrpark, Mechaniker, Küche, Wäscherei, Apotheke, Ärzte, Sekretärinnen und der Sicherheitsdienst der SS. Dieselgeneratoren versorgen die unterirdische Stadt mit Strom und Frischluft, doch der modrige Geruch feuchten Betons, der das Labyrinth erfüllt, lässt sich nicht vertreiben.

Kernstück des Systems ist der „Führerbunker", der tiefstgelegene und am stärksten gesicherte Komplex des Verlieses. Traudl Junge, die damals 25-jährige Sekretärin Hitlers, hat die Katakombe beschrieben:

„Vom früheren Luftschutzkeller ging es einige Treppenabsätze tiefer in den eigentlichen Führerbunker. Schwere Eisentüren führten zu einem breiten Gang. Links eine Tür zu den Toiletten, rechts der Maschinenraum, dann kam die Tür zur Telefonzentrale und zum Dienerzimmer. Dieser Teil des Bunkers war wieder durch Eisentüren zu schließen, die aber meistens offen standen. Danach kam der Teil des Korridors, der zu Hitlers Räumen führte. Sein Wohn- und Arbeitszimmer war ein winziger Raum, etwa drei mal vier Meter groß, mit einer niederen Decke, die aufs Gemüt drückte. Rechts stand ein Schreibtisch an der Wand, gegenüber ein kleines Sofa, davor ein kleiner Tisch und drei Sessel. Rechts führte eine Tür zu Hitlers Schlafzimmer, das ich nie betreten habe. Links gelangte man in Hitlers Bad, von da aus in einen kleinen Ankleideraum, der sich an Eva Brauns Bunkerwohnung anschloss. Neben Hitlers Schlafzimmer war noch ein kleiner Raum, der als Lagezimmer benutzt wurde. Es stand nichts weiter drin als eine ringsum laufende Bank, ein großer Tisch und einige Stühle und Hocker. Hier, in diesem kleinen Komplex, der so verworren angelegt war, dass man ihn kaum verständlich beschreiben kann, fand der letzte Akt des Dramas statt."

Ludwig Beck
Der Generalstabschef lehnt den Kriegskurs ab, tritt 1938 zurück, organisiert den Widerstand

Georg Elser
Eine von dem Tischler gebaute Zeitbombe verfehlt Hitler im November 1939 nur knapp

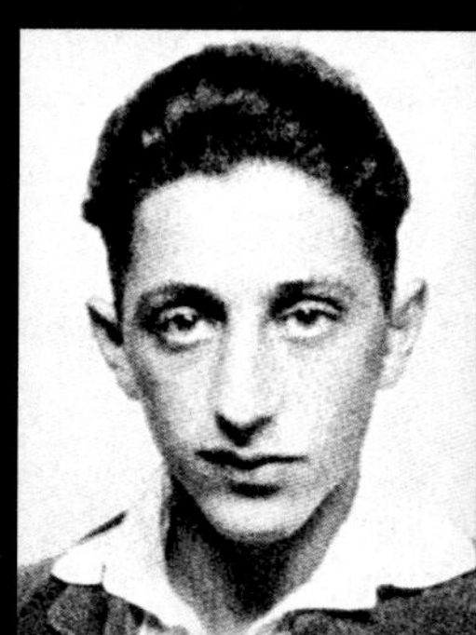

Herbert Baum
Kommunist; verübt 1942 einen Brandanschlag auf eine antisowjetische Ausstellung

Geschwister Scholl
Die Münchner Studentin Sophie Scholl, ihr Bruder Hans (l.) und Freunde nennen sich »Weiße Rose«. In Flugblättern rufen sie zum Widerstand auf

HITLERS GEGNER IM INNERN

Nur wenige Oppositionelle wagen den Kampf gegen Hitler. Denn jedes Aufbegehren ist riskant, grausam übt das Regime Vergeltung an allen Widerständlern. So bezahlen auch die Attentäter vom 20. Juli 1944 ihren Staatsstreichversuch mit dem Leben

Reichsmarschall Hermann Göring (helle Uniform) besichtigt nach dem Attentat vom **20. Juli 1944** den zerstörten Lageraum in Hitlers Hauptquartier. Die Bombe verletzt den Diktator nur leicht – noch am gleichen Tag befiehlt er den Gegenschlag gegen die »Verräter«

Graf Stauffenberg
Am 20. Juli 1944 deponiert der junge Adelige die Bombe in Hitlers Besprechungsraum

Carl Friedrich Goerdeler
Der Leipziger Ex-Bürgermeister steht den Männern des 20. Juli nahe

Mitte März zieht Hitler aus seinen Amtsräumen in den Bunker um. Er ist der einzige Bewohner Berlins, der die Hölle des Bombenkrieges nicht mit eigenen Augen wahrnimmt. Er ist seit Ewigkeiten nicht mehr durch eine deutsche Stadt gegangen. Wenn er mit seinem Sonderzug von der „Wolfsschanze" in Ostpreußen nach Berchtesgaden reiste, fuhr er nachts, und wenn er bei Tage fahren musste, ließ er die Gardinen zuziehen. „Niemals hat er das Ausmaß der Verwüstung mit eigenen Augen gesehen", so Traudl Junge.

Jetzt gelten die Bomben ihm selbst.

Das Regierungsviertel ist paradoxerweise von den Angriffen lange verschont geblieben. Nun liegt das Zentrum im Fadenkreuz der „Fliegenden Festungen" der Amerikaner und Briten. In Bismarcks altes Palais und in Speers Prachtbau krachen die Bomben. Der Bunker bebt unter den Einschlägen, doch er hält.

Das Betonverlies gleicht einem U-Boot auf Tauchstation: die Besatzung auf engstem Raum zusammengedrängt, ohne Sichtkontakt zur Außenwelt, ohne genaue Kenntnis der Feindlage, ausgerichtet auf einen einzigen Mann, der über Leben und Tod entscheidet. Alle wissen, dass der Tod die realistischere Option ist. Eine Privatsphäre gibt es nicht.

Der Hofstaat der Reichskanzlei ist zu einer kleinen Schar geschrumpft, die dem „Chef" persönlich ergeben ist: Adjutant Otto Günsche, Kammerdiener Heinz Linge, Fahrer Erich Kempka, Chefpilot Hans Baur; schließlich die Sekretärinnen Traudl Junge, Gerda Christian und Else Krüger sowie der Leibarzt Theodor Morell, der seinen Nimbus als Wunderheiler mit dem sich rapide verschlechternden Zustand des Patienten verspielt hat. Ebenfalls im Bunker, jedoch abgetrennt vom Führerbereich, haust Martin Bormann, allmächtiger Chef der Parteikanzlei, intrigant und machthungrig bis zur letzten Stunde.

Anfang März trifft Eva Braun ein. Sie ist aus München angereist. „Jeder wusste, warum sie gekommen war", schreibt Albert Speer. „Mit ihrer Anwesenheit zog bildlich und real ein Todesbote in den Bunker ein."

Sie ist seit 1931 die Geliebte Adolf Hitlers. Er lernte sie im Atelier seines Leibfotografen Heinrich Hoffmann in München kennen. Damals war sie 19, 23 Jahre jünger als er, ein unkomplizierter, heiterer Charakter, politisch völlig unbedarft. Sie liebte schicke Kleider, hatte nichts gegen Champagner, rauchte viel

SCHLACHTFELD DEUTSCHLAND

Nach der Niederlage in Stalingrad proklamiert NS-Propagandaminister Joseph Goebbels vor einer fanatisierten Menge im Berliner Sportpalast den »totalen Krieg«: die Mobilisierung sämtlicher Ressourcen für den Endsieg. Doch der ist längst illusorisch geworden. Denn die Rote Armee drängt die Wehrmacht immer weiter zurück – und erreicht 1944 die deutsche Reichsgrenze in Ostpreußen

Vormarsch der **Roten Armee**. Am 12. Januar 1945 starten die sowjetischen Truppen von ihren Brückenköpfen an der Weichsel aus eine Großoffensive gegen die deutsche Ostfront. Binnen weniger Wochen stoßen sie zur Oder vor, knapp 80 Kilometer von Berlin entfernt

und tanzte leidenschaftlich gern, vor allem Swing und Foxtrott – doch nur, wenn Hitler nicht dabei war. Das einzig Rätselhafte an ihr war ihre Zuneigung zu diesem Mann, der in einer kalten, dämonischen Welt lebte. Vielleicht war es die Macht, die sie anzog.

Und nun ist sie hier, im Bunker, im brennenden Berlin, im klaren Bewusstsein, dass dies das Ende ist.

Am 16. April tritt die Rote Armee zum Sturm auf die Stadt an. Vor Sonnenaufgang eröffnen 40 000 Geschütze und Granatwerfer das Feuer auf die deutschen Stellungen an der Oder. Binnen fünf Tagen, so hat Stalin gesagt, soll Berlin erobert sein. Den Hauptstoß führt Marschall Georgij K. Schukow mit der 1. Weißrussischen Front (Heeresgruppe).

Sein bester Mann ist General Wassilij Tschuikow, Befehlshaber der 8. Gardearmee, der Sieger von Stalingrad. 1942 hat er den deutschen Vormarsch an der Wolga gestoppt und den letzten russischen Brückenkopf gehalten, bis die Deutschen ihrerseits eingekesselt waren. Seither hat er den Feind Schlacht um Schlacht zurückgeworfen, mehr als 3000 Kilometer von der Wolga bis an die Oder. Jetzt fehlen noch 80 Kilometer bis Berlin.

Aber die Russen kommen langsamer voran, als sie dachten. Erst nach drei Tagen grauenhafter Kämpfe sind die Seelower Höhen am westlichen Oderufer in ihrer Hand.

Hitler steht mit dem Rücken zur Wand. Alles, was jetzt noch geschieht, ist Untergangsstrategie, Götterdämmerungs-Inszenierung. Deutschland soll zur Wüste werden.

In einem Erlass vom 19. März hat er die Zerstörung „aller Verkehrs-, Nachrichten-, Industrie- und Versorgungsanlagen, die sich der Feind nutzbar machen kann“, befohlen.

In einem Brief an Albert Speer, den Reichsminister für Rüstung und Kriegsproduktion, schreibt Hitler: „Wenn der Krieg verloren geht, wird auch das Volk verloren sein. Es ist nicht notwendig, auf die Grundlagen, die das deutsche Volk zu seinem primitivsten Weiterleben braucht, Rücksicht zu nehmen. Denn das Volk hat sich als das schwächere erwiesen, und dem stärkeren Ostvolk gehört die Zukunft. Was nach diesem Kampf übrig bleibt, sind ohnehin nur die Minderwertigen, denn die Guten sind gefallen!“

MARSCH AUF PARIS

Trotz heftiger Gegenwehr kommen alliierte Truppen nach der Landung in der Normandie rasch voran. Bereits am 25. August 1944 nehmen sie Paris ein – ohne großen Widerstand, denn der deutsche Kommandant hat Hitlers Befehl verweigert, die französische Kapitale als »Trümmerfeld« zu hinterlassen

Nach ihrem Durchbruch durch die deutschen Verteidigungslinien in der Normandie marschieren die Truppen der Westmächte durch Frankreich in Richtung Osten. Am 11. September 1944 erreicht ein amerikanischer **Spähtrupp** nördlich von Trier erstmals deutsches Gebiet (hier US-Soldaten der 9. Armee)

Trophäe des baldigen Sieges: Britische Soldaten, deren Division Ende März 1945 bei Wesel den Rhein überschreitet, präsentieren ein erbeutetes **Hitlerporträt**. Jetzt nimmt die Einheit Kurs auf Hamburg

Triumphierend ziehen **Résistance-Kämpfer** nach der Befreiung von Paris am 25. August 1944 durch die Kapitale. Einige Tage zuvor hat sich der Widerstand in der Hauptstadt erhoben und die Deutschen in heftige Barrikadenkämpfe verwickelt

Als die Niederlage des NS-Regimes immer deutlicher wird, bringen sich zahlreiche **Funktionäre** um. So auch der Stadtkämmerer von Leipzig, der mit Frau und Tochter in den Tod geht

Noch der eigene Untergang dient ihm zur Rechtfertigung seines paranoiden Weltbildes.

Sein Geburtstag am 20. April wird zum letzten öffentlichen Auftritt des moribunden Diktators. Noch einmal sind alle Mächtigen des NS-Regimes versammelt: Göring, Goebbels, Himmler, Bormann, Ley, Ribbentrop, die Gauleiter und die Kriegsherren mit Generalfeldmarschall Keitel und Großadmiral Dönitz an der Spitze. Es ist eine gespenstische Veranstaltung, die Stimmung ist beklemmend. Sekt wird nicht mehr gereicht.

Arthur Axmann, der Führer der Staatsjugend, hat eine Gruppe Hitlerjungen mitgebracht, die sich in den Kämpfen vor Berlin ausgezeichnet haben, der jüngste zwölf Jahre alt. Sie sind im verwüsteten Garten der Reichskanzlei angetreten.

„Hitler reichte jedem die Hand", berichtet Axmann. „Er ging gebeugt. Seine Hände zitterten. Wir waren von seinem Anblick erschüttert. Er beendete seine kurze Ansprache mit dem Ruf ‚Heil euch!' Doch niemand antwortete. Es war still im Garten. Nur in der Ferne hörte man das Grollen der Front."

Die reale Lage sieht in diesen Tagen so aus: Deutschland ist zu vier Fünfteln besetzt. Eine Westfront gibt es nicht mehr. Die im Ruhrkessel eingeschlossene Heeresgruppe B hat den Kampf eingestellt, ihr Oberbefehlshaber hat sich erschossen. Die Briten stoßen auf Hamburg vor, die Amerikaner haben Leipzig besetzt und stehen kurz vor der Vereinigung mit den Russen an der Elbe. Die 9. Armee, die an der Oderfront stand, ist eingekesselt. Berlin liegt schutzlos vor der Roten Armee.

Die Geburtstagsgratulanten beschwören Hitler, Berlin zu verlassen und den Kampf von der „Alpenfestung" in Berchtesgaden aus fortzusetzen. Sie selbst haben es eilig, ihre Ausweichquartiere im Norden oder Süden zu erreichen. Die letzten Fluchtkorridore aus Berlin können bald abgeschnitten werden.

Göring hat seine Residenz „Carinhall" bereits geräumt. Vor der Abfahrt kontrollierte er die Sprengladungen, die das pompöse Jagdhaus beim Annähern der Russen in die Luft jagen werden. Zur Lagebesprechung im Bunker erscheint der „Reichsmarschall" in einer neuen khakifarbenen Uniform, die ganz offensichtlich der amerikanischen nachempfunden ist. Vor den versammelten Generälen bietet er Hitler an, mit ihm nach Berchtesgaden zu fliegen. Hitler lehnt schroff ab. Er habe

Per »Führererlass« erklärt Adolf Hitler im September 1944 **16-jährige Jungen** zu wehrfähigen Männern. Nur wenige von ihnen werden mit Panzerfäusten und Karabinern ausgestattet, oft besteht die Bewaffnung aus erbeuteten Gewehren ohne passende Munition

Militärische Ausbildung wie hier die Versorgung von Verwundeten gehört zum Dienst in der **Hitler-Jugend**. Doch nichts bereitet die Kindersoldaten auf den Schrecken des Krieges vor, der immer brutaler wird: Die Hälfte aller getöteten deutschen Soldaten, etwa 2,5 Millionen, fällt in den letzten zehn Monaten

Volkssturmkämpfer bei Potsdam. Manche der schlecht ausgerüsteten Einheiten rennen bei Feindkontakt sofort weg. Doch viele Verbände leisten auch verbissenen Widerstand – vielleicht weil zumal die jungen, ihr Leben lang vom Regime indoktrinierten Soldaten noch immer an den Endsieg glauben

DAS LETZTE AUFGEBOT

Spätestens im Herbst 1944 ist der Krieg für Deutschland militärisch verloren: Luftangriffe haben die Städte verwüstet, im Osten und im Westen überschreitet der Feind bereits die Reichsgrenzen. Doch noch folgt die Wehrmachtsführung dem Befehl Hitlers, bis zum Ende zu kämpfen – und schickt Halbwüchsige, Greise und Invaliden ins Gefecht gegen die übermächtigen Armeen der Alliierten

seine Entschlüsse gefasst und werde in Berlin bleiben.

Der große Exodus beginnt. Von den Spitzen der Partei bleiben nur Goebbels und Bormann in Berlin. Auch Speer verabschiedet sich. Er hat zwei Bauwagen der Reichsbahn am Eutiner See abstellen lassen – für den Rüstungsminister gibt es keine Aufgabe mehr.

In der Nacht verlassen lange Wagenkolonnen mit abgeblendeten Lichtern die Hauptstadt. Auf dem Flugplatz Gatow starten Kuriermaschinen mit Familienangehörigen der NS-Prominenz. Es kommt zu Zwischenfällen. „Die Arbeiter, die im Fackelschein unser Gepäck transportierten, begannen über die ‚Bonzen' zu schimpfen", berichtet die Frau eines Technikers der Reichskanzlei, „dann pöbelten sie uns an und plünderten die Koffer. Bis wir starten konnten, verging fast eine Stunde."

Die Alte Reichskanzlei erlebt zur gleichen Zeit ein makabres Fest: Eva Braun improvisiert eine Abschiedsparty. „Sie wollte noch ein einziges Mal feiern, tanzen, trinken, vergessen", schreibt Traudl Junge. „Irgendwoher brachte jemand ein altes Grammophon mit einer einzigen Schallplatte, ‚Blutrote Rosen erzählen dir vom Glück'. Eva Braun wollte tanzen, ganz gleich mit wem, und sie riss alle mit in einen verzweifelten Taumel. Es wurde Champagner getrunken und gelacht. Keiner sprach vom Krieg, keiner vom Sieg und keiner vom Tod. Gespenster gaben hier ein Fest."

Unterdessen ist der Alarmfall „Clausewitz" ausgegeben worden, das Codewort für den Belagerungszustand. Es bedeutet: Berlin wird nicht aufgegeben, sondern in den Verteidigungszustand versetzt. Überall werden Panzersperren, MG-Stellungen, Minengürtel, Sprengladungen, Gefechtsstände eingerichtet.

Die Zone um die Reichskanzlei wird zur „Zitadelle" erklärt. Zum Kampfkommandanten der Zitadelle ernennt Hitler den Kommandeur der „Leibstandarte SS Adolf Hitler" Wilhelm Mohnke: Ritterkreuzträger, drahtig, schmallippig, Prototyp des Prätorianers.

Schon 1933 stand er als junger SS-Mann Wache vor der Reichskanzlei. Jetzt ist er zum Verteidiger des Regierungssitzes bestellt, unter dem direkten Befehl des „Führers". Er bringt 1000 Mann seiner Garde als Festungsbesatzung mit und richtet seinen Befehlsstand im Keller der Neuen Reichskanzlei ein.

Zu Fuß, mit Pferdewagen und Schlitten überqueren Flüchtlinge Anfang 1945 das zugefrorene **Frische Haff**. Weil die Sowjettruppen Ostpreußen eingeschlossen haben, ist die Route über das Eis der Ostsee für viele der einzig verbliebene Ausweg

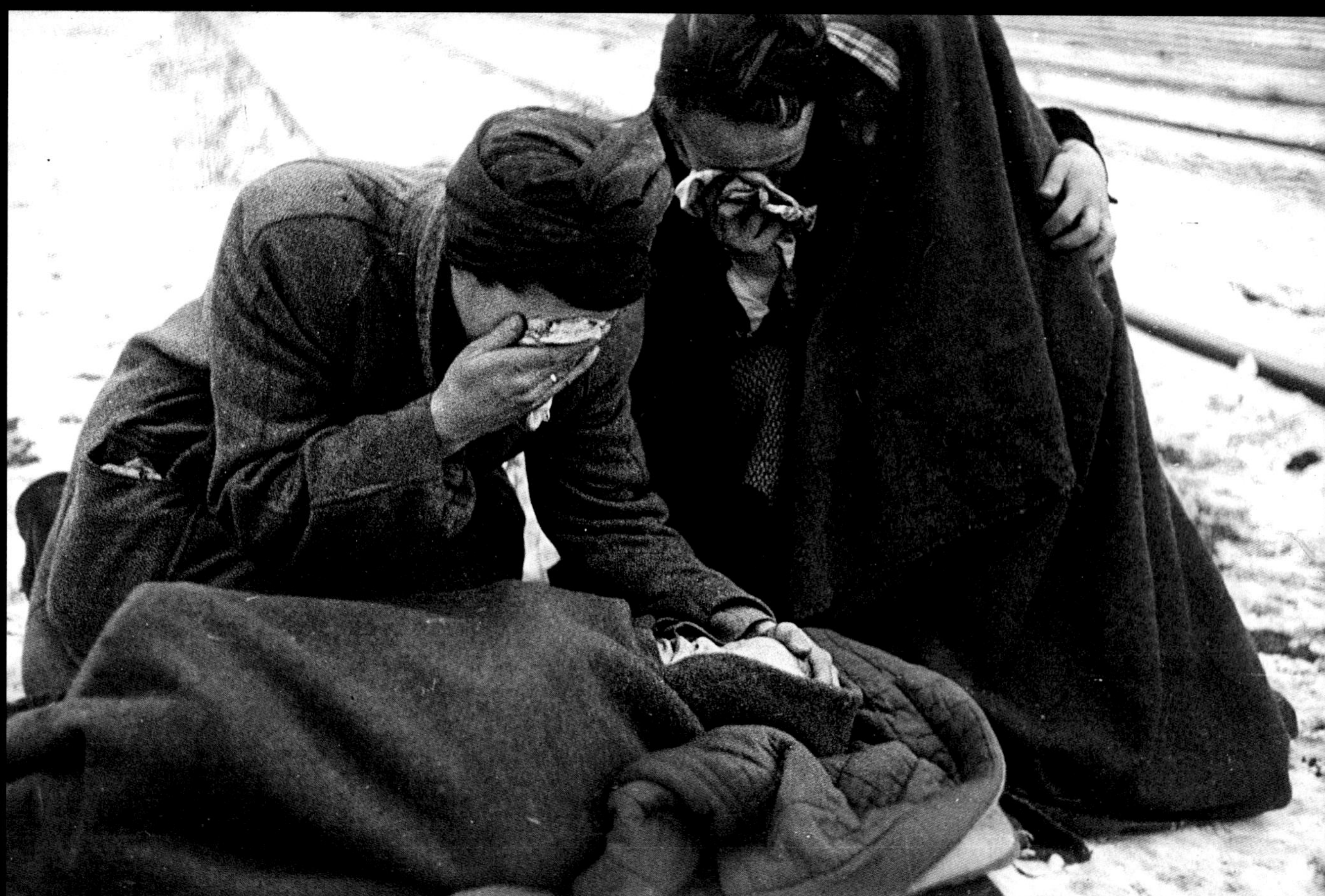

Trauer um ein totes Kind: Rund sieben Millionen Menschen verlassen in den letzten Kriegsmonaten ihre Heimat in den deutschen **Ostgebieten**, lassen Städte und Dörfer, Haus und Hof zurück. Mindestens 600 000 Flüchtlinge kommen bei den Trecks oder späteren Vertreibungen um

EXODUS DER BESIEGTEN

Ende 1944 erreicht der Krieg die Ostgrenze Deutschlands. In panischer Angst vor den Sowjetsoldaten fliehen Millionen Menschen aus Ostpreußen und Schlesien in Richtung Westen. Für viele enden die Gewaltmärsche bei extremem Frost und starken Schneefällen mit dem Tod

So schnell wie möglich, nur mit dem Nötigsten bepackt, brechen viele Familien im Winter 1944/45 auf, um noch einen der letzten Züge in den Westen zu erreichen. Andere reihen sich in die langen **Flüchtlingstrecks** ein

Einen Tag nach Hitlers Geburtstag schlagen die ersten Artilleriegranaten im Stadtzentrum ein. Panik breitet sich aus – die Russen sind da. Hitler, der sich (wie Stalin) erst gegen Morgen zum Schlafen niederzulegen pflegt, wird um halb zehn geweckt. „Woher kommt diese Schießerei?", fragt er. Niemand weiß es. Hitler ruft den Generalstabschef der Luftwaffe, General Karl Koller, an: „Wissen Sie, dass Berlin unter Artilleriefeuer liegt?" „Nein".

„Hören Sie das nicht?"

„Nein! Ich bin in Wildpark-Werder" (westlich von Berlin; *die Red.*).

Hitler vermutet ein Eisenbahngeschütz. „Die Luftwaffe hat diese Batterie sofort auszumachen und zu bekämpfen."

Koller ruft den Flakbunker am Zoo an, den besten Beobachtungspunkt in Berlin. Antwort: Es sind russische Feldhaubitzen, die bei Marzahn in Stellung gegangen sind. Entfernung: zwölf Kilometer.

Hitler will das nicht glauben, brüllt ins Telefon: „Man müsste die ganze Luftwaffenführung sofort aufhängen!" Er befiehlt, sämtliche verfügbaren Kräfte im „Nordraum" nach Berlin zu schicken. „Jeder Kommmandeur, welcher Kräfte zurückhält, hat binnen fünf Stunden sein Leben verwirkt. Sie selbst haften mir mit Ihrem Kopf, dass der letzte Mann eingesetzt wird", sagt er zu Koller.

Doch es gibt gar keine Reserven mehr. Die Divisionen sind zu Bataillonen, die Bataillone zu Kompanien geschrumpft. Hitler operiert mit Geisterarmeen, die nur noch auf Landkarten existieren. Er sieht sich umstellt von „Versagern" und „Verrätern", die seine Befehle sabotieren. Er verbietet jedes Ausweichen nach Westen: „Offiziere, die sich dieser Anordnung nicht bedingungslos fügen, sind festzunehmen und augenblicklich zu erschießen!"

Die russischen Panzerspitzen haben unterdessen die östlichen Vororte Berlins erreicht. In Kaulsdorf erlebt Probst Heinrich Grüber den Einmarsch der Roten Armee: „Gegen 16 Uhr kamen die ersten russischen Truppen, Infanteristen mit Sturmkanonen, später Artillerie. Aus den umliegenden Häusern hörten wir Schreie von Verwundeten. Einen, den ich für den Kommandanten hielt, bat ich, die Verwundeten verbinden zu dürfen. Etwas später drangen Russen in unseren Keller ein. Sie verlangten Uhren und Frauen. Die Uhren lieferten wir ab. Vergewaltigungen konnten wir in unserem Hause verhindern. Ich hatte den

Soldaten von George S. Pattons 3rd Army überqueren die **Mosel**. Anschließend will der US-General, der bekannt ist für sein ungestümes Temperament, auf Berlin weitermarschieren. Doch das verwehrt ihm sein Oberkommando: Die Hauptstadt ist Stalin bereits als Trophäe versprochen

Am 1. April 1945 umschließen amerikanische und britische Einheiten das **Ruhrgebiet**. Im industriellen Herz Deutschlands sind nun 325 000 Wehrmachtssoldaten eingekesselt; die letzten von ihnen kapitulieren am 17. April vor der alliierten Übermacht (hier schottische Infanteristen bei der Eroberung Kleves)

Anfang 1945 bringt die Führung der Roten Armee eine gewaltige Streitkraft für den Angriff auf Berlin in Stellung: 2,5 Millionen Soldaten mit mehr als 6000 Panzern und 7500 Flugzeugen. Am 16. April setzen sie an zum Sturm auf die Reichshauptstadt (sowjetische **Infanterie** und T-34-Panzer)

VORSTOSS AUF DIE KAPITALE

Im Frühjahr 1945 stehen die Alliierten fast im gesamten Reichsgebiet. Doch noch immer führt die Wehrmacht das sinnlose Blutvergießen fort, auch wenn eine Kapitulation die weitere Zerstörung Deutschlands beenden würde. Im April schließlich beginnt der Kampf um Berlin: die letzte große Schlacht des Zweiten Weltkriegs in Europa

Treffen der **Alliierten**: Am 25. April 1945 begegnen sich sowjetische und amerikanische Soldaten bei Torgau an der Elbe (nachgestelltes Foto). Der Belagerungsring um Berlin ist nun geschlossen, ein Entkommen unmöglich

Eindruck, dass mein schwarzes Gewand die Soldaten etwas zurückhielt. Aber während der ganzen Nacht schrien die Frauen im Ort, ohne dass wir etwas für sie tun konnten."

Im Führerbunker bricht an diesem Tag, dem 22. April, die krampfhaft aufrechterhaltene Endsieg-Fassade zusammen. Als Hitler bei der Lagekonferenz erfährt, dass Angriffe, die er befohlen hat, gar nicht stattgefunden haben (weil die Truppen dazu nicht mehr in der Lage waren), hat er einen Wutanfall. Er schleudert die Farbstifte, mit denen er die Stellungen markiert (als Karte genügt jetzt der Stadtplan von Berlin), an die Wand, springt vom Stuhl auf und schreit, dass es durch die geschlossene Tür zu hören ist.

Seine Stimme überschlägt sich, während ihm die Tränen über das Gesicht laufen. Nur einzelne Wörter sind zu verstehen – Feigheit, Niedertracht, Verrat, Treulosigkeit. So könne er nicht länger führen. „Der Krieg ist verloren – aber wenn Sie, meine Herren, glauben, dass ich Berlin verlasse, irren Sie sich. Eher jage ich mir eine Kugel in den Kopf!"

Die Anwesenden erstarren – das magische Wort ist gefallen. Alle haben es gehört. In Windeseile verbreitet es sich im Bunker. Generaloberst Alfred Jodl, Chef des Wehrmachtführungsstabes, notiert für die Akten: „Hitler hat den Entschluss gefasst, in Berlin zu bleiben, dort die Verteidigung zu leiten und sich im letzten Augenblick zu erschießen. Kämpfen könne er aus körperlichen Gründen nicht mehr, er wolle auch nicht Gefahr laufen, verwundet in Feindeshand zu fallen."

Nach dem Ausbruch legt sich lähmende Stille über den Bunker. Traudl Junge steht dienstbereit im Vorzimmer, als Hitler heraustritt. „Sein Gesicht hat jeden Ausdruck verloren, die Augen sind erloschen. Sein Blick erfasst nichts. Unpersönlich und befehlend stößt er hervor: ‚Ziehen Sie sich sofort um. In einer Stunde geht ein Flugzeug, das Sie nach Süden bringt. Es ist alles verloren.'"

Eva Braun, die dabeisteht, ergreift Hitlers Hände und sagt: „Ich bleibe bei dir." Dann geschieht etwas Ungewöhnliches: Hitler küsst sie vor den Augen der Umstehenden auf den Mund. Traudl Junge sagt: „Ich bleibe auch."

Hitler macht keinen Hehl daraus, dass das Ende bevorsteht. Er lässt seine Papiere und persönlichen Habseligkeiten zusammenpa-

AUS DER HÖLLE BEFREIT

Majdanek in Polen ist das erste der Konzentrationslager, die die Rote Armee ab Juli 1944 erreicht. Immer deutlicher wird nun das Schreckensbild: Obwohl die Wachen vorher oft noch versuchen, Gaskammern zu sprengen, und sie Häftlinge auf Todesmärsche treiben, sind die Spuren des millionenfachen Mordes, den die Deutschen hier verübt haben, nicht mehr zu verwischen

Im August 1944 beginnt die SS mit der Evakuierung des **KZ Auschwitz**; niemand soll die dort begangenen Verbrechen bezeugen können. Als sowjetische Truppen am 27. Januar 1945 das Lager befreien, finden sie noch etwa 7500 kranke und erschöpfte Häftlinge – darunter auch diese Kinder

Mit letzter Kraft feiern die Häftlinge des Konzentrationslagers **Dachau** am 29. April 1945 die Ankunft der Amerikaner. Erst am Tag zuvor haben die SS-Wachen das Lager verlassen, in dem zwischen 1933 und 1945 mehr als 200 000 Menschen inhaftiert waren – zunächst Gegner des Regimes, später auch Juden, Homosexuelle, Sinti und Roma

Als britische Soldaten am 15. April 1945 **Bergen-Belsen** erreichen, finden sie im Lager Tausende Leichen sowie Überlebende, die bis auf das Skelett ausgezehrt sind. Mehr als 13 000 Häftlinge sterben in den Wochen nach der Befreiung an den Folgen der unbeschreiblichen Haftbedingungen

Er zeigt auf seinen Peiniger: Vor Soldaten der US Army identifiziert ein ehemaliger Häftling des **KZ Buchenwald** einen SS-Wachmann. Zwei Jahre später werden in einem Prozess alle angeklagten Verantwortlichen des Lagers schuldig gesprochen. 22 von ihnen werden zum Tode verurteilt – doch nur elf hingerichtet

cken und im Garten verbrennen. Traudl Junge muss „eine Kiste mit den wichtigsten Akten, Schriften und Dokumenten packen", die nach München geflogen werden sollen. Doch die Unterlagen kommen dort nicht an.

Spät in der Nacht dieses Tages kommt Goebbels aus seinem zerbombten Propagandaministerium in den Bunker. Der kleine Mann war immer der fanatischste in der Führungsclique des Regimes, und sein Fanatismus hat sich noch gesteigert, je klarer die Niederlage sich abzeichnete. „Wenn wir abtreten, dann soll der Erdkreis erzittern!", erklärt er in seiner letzten Pressekonferenz.

Rhetorisch gewandter als sein „Führer", überbietet er Hitler noch an Menschenverachtung. Und wie Hitler gibt der große Volksverführer den Deutschen die Schuld an ihrem Unglück. „Was fange ich mit einem Volk an, dessen Männer nicht einmal mehr kämpfen, wenn ihre Frauen vergewaltigt werden?"

Er habe kein Mitgefühl mit diesem Volk, denn es habe sich sein Schicksal freiwillig gewählt. „Wir haben ja das deutsche Volk nicht gezwungen. Es hat uns selbst beauftragt."

Goebbels hat seine Entscheidung schon lange getroffen. Er wird mit Hitler aus dem Leben gehen – und seine ganze Familie auch. Magda Goebbels bringt die sechs Kinder – fünf Mädchen und einen Jungen – in den Bunker. Traudl Junge macht eine Kammer für sie frei. „Es waren reizende, gut erzogene, natürliche Kinder. Sie wussten nichts von dem Schicksal, dem sie entgegengingen."

Draußen tobt die Schlacht. Fast drei Millionen Menschen sitzen in der Todesfalle. Die Stadtmitte liegt unter dem Dauerfeuer der sowjetischen Artillerie. Es gibt keinen Strom und kein Wasser mehr. Die Lebensmittel gehen zur Neige. Die Krankenhäuser können die Verwundeten nicht mehr aufnehmen.

An Entsatz von außen ist nicht zu denken. Hitlers letzte Hoffnung ist die 12. Armee unter General Walter Wenck, die westlich des Belagerungsringes steht, eine Truppe aus den Trümmern anderer Einheiten. Sie besitzt keinen Panzer, nur noch einige Geschütze.

Feldmarschall Wilhelm Keitel begibt sich persönlich zu Wencks Befehlsstand in Belzig, 40 Kilometer südwestlich von Potsdam. „Befreien Sie Berlin", sagt er zu Wenck. „Hauen Sie den Führer heraus. Sein Schicksal ist Deutschlands Schicksal. Sie haben es in der Hand, Deutschland zu retten!"

Mit Tausenden Panzern zieht Stalins Armee gegen die Reichshauptstadt. 1,8 Millionen sowjetische Geschosse zerstören Gebäude, zertrümmern Bahngleise, töten Soldaten und Zivilisten

„In diesen Stunden", so Wenck später, „wurde mir klar: Dieser Mann und auch das Staatsoberhaupt, das er beriet, wussten längst nicht mehr, wie es um den Krieg stand. Nach Beratung mit meinem Stab beschloss ich, von nun an meinen eigenen Weg zu gehen."

Während Hitler, abgekapselt von jeder Realität, imaginäre Schlachten mit imaginären Divisionen schlägt, gehen die Schreckensbilder aus den befreiten Konzentrationslagern um die Welt. Am 11. April haben US-Truppen Buchenwald erreicht, vier Tage später stehen die Briten vor Leichenbergen in Bergen-Belsen in der Lüneburger Heide. Für Tausende kommt die Rettung zu spät, auch für die Männer des 20. Juli, die der Hinrichtung bisher entgangen waren. Hitler hat die Liquidierung der Gefangenen persönlich angeordnet.

Als die amerikanischen Panzer nur noch wenige Kilometer von Buchenwald entfernt sind, werden die Häftlinge des 20. Juli abtransportiert und in das Konzentrationslager Flossenbürg gebracht, unter ihnen Admiral Wilhelm Canaris, der frühere Chef der Abwehr, und Dietrich Bonhoeffer, prominentes Mitglied der Bekennenden Kirche – führende Köpfe des deutschen Widerstandes. Sie sollen den untergehenden SS-Staat nicht überleben.

In Flossenbürg tritt ein „Gericht" zusammen, um die Männer zu verurteilen. Es besteht aus einem SS-Mann als Anklagevertreter, dem KZ-Kommandanten als Beisitzer und einem SS-Richter als Vorsitzenden. Das Urteil lautet auf Tod und wird sofort vollstreckt – die Männer werden gehängt.

Am nächsten Tag wird Hans von Dohnanyi, ein Mitverschwörer des 20. Juli, im KZ Sachsenhausen bei Berlin hingerichtet. Dohnanyi ist im Gestapo-Hauptquartier Prinz-Albrecht-Straße so schwer gefoltert worden, dass er nicht mehr gehen kann. Er wird zum Galgen getragen.

Weitere 20 Widerstandskämpfer werden in Berlin in der Nacht zum 24. April aus dem Moabiter Zellengefängnis geholt und von den SS-Wachen auf einem Ruinengrundstück beim Lehrter Bahnhof ermordet: in Reichweite der russischen Panzer. Unter ihnen ist Klaus Bonhoeffer, ein Bruder von Dietrich.

Die Leichen werden Tage später von russischen Soldaten entdeckt. Einer der Toten umklammert ein Bündel Papiere in der erstarrten Faust, zwölf blutbefleckte Blätter mit hingekritzelten Gedichten. Sein Name ist Albrecht Haushofer. Er wandelte sich vom Mitläufer zum entschiedenen Regimegegner.

Seine „Moabiter Sonette" werden zu einem Zeugnis des anderen Deutschland: „Der Wahn allein war Herr in diesem Land / In Leichenfeldern schließt sein stolzer Lauf / Und Elend, unermessbar, steigt herauf."

Gut 1000 Meter entfernt vom Ort der Morde am Lehrter Bahnhof sitzt der Urheber der Gräuel in seinem Bunker und verheizt die Reste der deutschen Wehrmacht. Doch seine Macht über die alten Kumpane bröckelt.

Am Abend des 23. April geht ein Funkspruch aus Berchtesgaden im Bunker ein. Absender: Hermann Göring. Der designierte Nachfolger Hitlers verlangt Auskunft darüber, ob der „Führer" noch handlungsfähig sei – andernfalls werde er die Führung des Reiches übernehmen (im Klartext: Verhandlungen mit den Alliierten aufnehmen). Antwort wird bis 22 Uhr erwartet. Ein zweiter Funkspruch geht an Außenminister Ribbentrop: Falls Göring bis 24 Uhr keine Antwort von Hitler habe, bitte er Ribbentrop, „unverzüglich auf dem Luftwege" zu ihm zu kommen.

Die Nachricht trifft Hitler ins Mark. Er ist enttäuscht vom zweiten Mann des Regimes und tobt: „Ich weiß es schon lange! Er ist faul, er hat die Luftwaffe verludern lassen, er war korrupt, er ist seit Jahren Morphinist."

Eigentlich müsse er Göring an die Wand stellen, aber er werde darauf verzichten, wenn dieser alle Ämter niederlege. Die Antwort aus Berchtesgaden kommt postwendend: Göring tritt wegen schweren Herzleidens zurück. Die Führung des Reiches ist zerfallen.

Doch es gibt noch ein paar Getreue. Albert Speer etwa kehrt zurück in die Todesgruft. Das Gewissen hat ihn geplagt am Eutiner

In zähen, verlustreichen Häuserkämpfen überwältigen die Rotarmisten die Verteidiger Berlins. Längst gibt es bei den Deutschen kein einheitliches Kommando mehr, kein geordnetes Vorgehen

See. Nicht wegen der Millionen Zwangsarbeiter, die unter seiner Regie schufteten, sondern wegen des wortlosen Abschieds von dem Mann, dem er alles verdankt.

Speer ist der einzige Mensch, für den Hitler eine fast erotische Freundschaft empfindet. Der Bürgersohn gehört nicht zu den SA-Proleten und Parteilakaien. Er ist das, was Hitler gern geworden wäre: ein Architekt von hohen Graden, ein Städtebauer, dem es gar nicht groß und hoch genug sein konnte.

Der „Führer" hat ihn auf schwindelnde Höhen gehoben, und Speer hat ihn nie enttäuscht. Trotz Niederlagen an allen Fronten hat er die Rüstungsproduktion auf Rekordhöhe getrieben und die ersten Fernraketen und Düsenjäger der Welt zum Einsatz gebracht. Einst wollten sie gemeinsam die Stadt der Zukunft bauen, und noch im Bunker hockten sie zusammen über den Entwürfen für das neue Linz, Hitlers Jugendstadt – und jetzt einfach abhauen, ohne ein Wort des Abschieds und des Dankes?

Speer ist noch immer Reichsminister für Rüstung und Produktion und hat Zugriff auf Flugzeug und Wagen. In der Nacht landet er mit einem „Fieseler Storch" vor dem Brandenburger Tor auf der Ost-West-Achse, stoppt einen Wehrmachtswagen und lässt sich zur Reichskanzlei bringen.

Hitler empfängt ihn im Bunker. Er spricht gleichmütig über das Ende: „Ich werde nicht kämpfen. Die Gefahr ist zu groß, dass ich lebend in die Hände der Russen falle. Ich möchte nicht, dass meine Feinde mit meinem Körper Schindluder treiben. Ich habe angeordnet, dass ich verbrannt werde. Fräulein Braun will mit mir aus dem Leben gehen."

„Ich hatte das Gefühl, mit einem bereits Leblosen zu sprechen", notiert Speer später. „Ohne Händedruck gingen wir auseinander, gewohnheitsmäßig, als würden wir uns morgen wieder sehen."

Bevor Speer die Betongruft verlässt, verabschiedet er sich von Eva Braun. Er kennt sie seit Langem, sie mögen sich. „Wie wäre es mit einer Flasche Sekt zum Abschied?", fragt sie.

Der SS-Diener serviert Champagner, dazu Kuchen und Konfekt – der Führerbunker ist gut ausgestattet. Sie war von einer „fast heiteren Gelassenheit", so Speer, „die einzige Todgeweihte in diesem Bunker, die eine bewundernswerte Ruhe zeigte".

Speer tritt hinaus in die Nacht, steht noch einmal im verwüsteten „Ehrenhof" der Neuen Reichskanzlei, die er vor sieben Jahren gebaut hat. „In größeren Abständen hörte ich die Detonationen russischer Granaten", schreibt er, „dann verließ ich die Trümmerstätte nicht nur meines Baus, sondern auch der wertvollsten Jahre meines Lebens."

Am Brandenburger Tor wartet der „Fieseler Storch". Im Niedrigflug überquert er den Belagerungsring. „Dorthin, wo der Ring aufblitzender Geschützfeuer eine Lücke ließ, nahmen wir unseren Kurs." Er kommt heraus aus dem Kessel.

Im Bunker breitet sich Endzeitstimmung aus. Ruhelos schlurft Hitler durch den Korridor. Niemand steht mehr auf, wenn er vorbeikommt, überall wird geraucht und getrunken. Er selbst verfällt zusehends. Er kann das Essen kaum noch zum Mund führen, seine Uniform wird nicht mehr gereinigt.

„Wie Schatten irren wir durch die Räume", schreibt Traudl Junge. „Manchmal schleichen wir hinauf ins Treppenhaus, warten auf eine Feuerpause der Artillerie und sehen mit Entsetzen, wie sich die Verwüstung immer mehr ausbreitet. Wir sind nur noch von Ruinen und Häuserresten umgeben. Aber ‚Kopf hoch, solange er noch dran ist!' heißt die Parole, und wir leben danach, starr und stumpf wie Marionetten. Wir wissen kein Datum mehr."

Am Morgen des 25. April eröffnet die Rote Armee den Angriff auf die Zitadelle. General Tschuikow hat seinen Gefechtsstand in einem Haus beim Flugplatz Johannistal aufgeschlagen. Vom fünften Stock aus blickt er auf Berlin: „Plötzlich begann der Boden unter meinen Füßen zu zittern. Tausende von Geschützen verkündeten den Beginn des Angriffs. Ich dachte, Hitler begeht hier das letzte Verbrechen gegen sein Volk. Weshalb schickt er sinnlos Tausende und Abertausende in den Tod? Für wen opfert er die Einwohner der Stadt – Kinder, Frauen und Greise?"

Häuserruinen, ausgebrannte Fahrzeuge, dazwischen ein Mensch: Berlin ist ein Trümmerfeld. Die Rote Armee attackiert die Stadt mit größter Feuerkraft. Fast die Hälfte aller Gebäude werden am Ende zerstört sein

Niemand wagt es, diese Frage im Führerbunker zu stellen. Noch immer ist hier unten das Wort Kapitulation tabu. Hitler leitet den letzten Kampf seines Lebens persönlich. Er ernennt General Helmuth Weidling, Kommandeur des 65. Panzerkorps, am 24. April zum Kampfkommandanten des „Verteidigungsbereichs Berlin". Zwei Tage zuvor wollte er ihn noch erschießen lassen, weil Weidling seinen Gefechtsstand angeblich nach Westen verlegt hatte. Unerschrocken begab sich der

Panzergeneral ins Führerquartier und klärte den Sachverhalt. Hitler war beeindruckt und übergab ihm das Festungskommando. „Hätten Sie mich doch erschießen lassen", sagt Weidling zum Generalstabschef Krebs.

Seine Streitmacht ist das letzte Aufgebot. Den Kern stellt Weidlings Panzerkorps mit rund 15 000 Mann. Es verfügt noch über 40 einsatzfähige Panzer. Die Waffen-SS unter Mohnke stellt weitere 6000 Mann. Der Rest sind Volkssturmmänner, Hitlerjungen und zusammengewürfelte Truppeneinheiten, darunter die Trümmer ausländischer Freiwilligenverbände: insgesamt 60 000 Mann.

Diesem verlorenen Haufen stehen auf russischer Seite 1,6 Millionen Mann, 3827 Panzer, 4520 Panzerabwehrgeschütze und 15 654 Feldhaubitzen gegenüber.

Weidling ist Soldat, und nur Soldat. Er hat einen Befehl, und den führt er aus. Der Befehl lautet, Berlin zu halten. Am Abend meldet er sich zur Lagebesprechung im Bunker: „Der Führer saß wieder hinter seinem Tisch mit den Karten. Die Lage der eigenen Truppen trug ich anhand des Stadtplans von Berlin vor. Ich, ein einfacher Soldat, stand hier an dem Ort, von dem aus früher das Schicksal des deutschen Volkes bestimmt worden war. Sollte ich in diesem Kreis ausrufen: ‚Mein Führer, das ist doch Wahnsinn! Eine so große Stadt wie Berlin kann man nicht mit unseren Kräften verteidigen. Bedenken Sie das Leid der Bevölkerung.' Ich war so erregt, dass ich mich nur mit Mühe beherrschte, diese Worte nicht herauszuschreien."

Nein, er schreit sie nicht heraus. Er weiß, dass es Irrsinn ist, aber er gehorcht.

Goebbels erlässt einen letzten blutrünstigen Aufruf: „Berlin wird bis zum Letzten verteidigt! Kämpft mit fanatischer Verbissenheit um eure Frauen, Kinder und Mütter! Provokateure oder aufsässige Ausländer sind sofort festzunehmen und unschädlich zu machen. Häuser, die weiße Fahnen hissen, haben kein Recht mehr auf Schutz und werden entsprechend behandelt. Die Hauptstadt darf nicht in die Hände der Bolschewisten fallen!"

Lagebesprechung von Sowjetoffizieren in einem Berliner U-Bahn-Eingang. Auf Dächern lauern deutsche Scharfschützen. Je näher die Rote Armee dem Zentrum kommt, desto härter werden die Kämpfe

Nun ist die Stunde des Mordgesindels gekommen. „Fliegende Standgerichte" durchkämmen die Ruinen auf der Jagd nach „Drückebergern" und Deserteuren. Verdächtige, gleich welchen Alters, werden erschossen oder erhängt, mit einem Pappschild um den Hals: „Ich war feige" oder „Ich bin ein Schwein" oder „So geht es Verrätern".

Ein Hitlerjunge berichtet später: „Wir wurden durch Polizei aus den Häusern geholt. Dann wurden wir der SS und dem Volkssturm zugeteilt. Die meisten von uns wurden von Infanteriefeuer getötet. Oranienburg wechselte viermal den Besitzer. Und dabei gingen fast alle von uns drauf. Mein Jungzugführer, der sich weigerte, wurde von ein paar SS-Männern und einem SA-Mann am nächsten Baum aufgehängt. Er war ja auch schon 15. Da ging dann der Rest von unserem Fähnlein, acht Mann, mit – früher waren wir 120."

Eine Art Todesrausch ergreift ganze Einheiten, nicht nur die Waffen-SS. Die Hoffnung auf ein Wunder ist nun verflogen.

Vor den Kameras der sowjetischen Wochenschau nimmt ein Soldat einen deutschen Gegner fest. Erst nach einer Woche Straßenkampf können die russischen Truppen bis in das Zentrum Berlins vordringen

Die Russen aber kommen nur noch schrittweise voran. Sie verlieren Hunderte von Panzern. Die gefürchtetsten Waffen der Verteidiger sind die Panzerfaust sowie die 12,5-Zentimeter-Geschütze auf den Flaktürmen, 36 Meter hohen Betonkolossen, in denen Tausende von Verwundeten liegen.

Zivilisten sind nur ein störender Faktor, für die eine wie für die andere Seite. Ein Offizier notiert im Tagebuch: „Brandrote Nacht, schweres Artilleriefeuer. Angriffe mit Panzern und Flammenwerfern. Rückzug zum Anhalter Bahnhof. In Nischen und Winkeln drängen sich Frauen und Kinder. Sie horchen auf den Lärm der Kämpfe. Die Einschläge erschüttern die Tunneldecke. Betonstücke brechen herab. Pulvergeruch und Rauchschwaden in den Schächten. Plötzlich spritzt Wasser in unseren Gefechtsstand. Schreie, Weinen, Flüche. Gurgelndes Wasser flutet durch die U-Bahn-Schächte. Die Massen stürzen über die Schwellen, lassen Kinder und Verwundete zurück. Menschen werden zertreten. Das Wasser steigt einen Meter hoch, bis es sich langsam verläuft. Noch stundenlang entsetzliche Panik. Viele Ertrunkene. Ursache: Pioniere haben die Schottenkammern des Landwehrkanals gesprengt, um die Schächte zu überfluten. Während der ganzen Zeit schwere Kämpfe über der Erde."

Eine zusammenhängende Front gibt es nicht mehr, nur noch Kampfgruppen, die keine Verbindung untereinander haben. Manche Kommandeure rufen über das normale Telefonnetz, das erstaunlicherweise immer noch funktioniert, bei Privatleuten an und fragen, „ob die Russen schon bei Ihnen sind".

„Ja, an der Ecke stehen drei Panzer", heißt es dann vielleicht. „Na dann viel Glück!", kommt der Gruß zurück.

Der Ring um die Reichskanzlei wird enger. Der Potsdamer Platz, keine 1000 Schritt vom Führerbunker entfernt, ist Hauptkampflinie, der Luftschutzbunker der Neuen Reichskanzlei wird zum Feldlazarett. Der kleine OP-Raum im Keller war nicht für den Krieg gedacht. Jetzt werden pausenlos Verwundete eingeliefert. Es gibt nur einen OP-Tisch, zwei Krankenschwestern und zwei Ärzte, den Chirurgen Werner Haase und den Internisten Ernst Günther Schenck. Beide hat die Apokalypse hierher verschlagen.

Haase, Oberarzt an der Charité, schwer lungenkrank, war früher Begleitarzt Hitlers. Er ist am 20. April gekommen, um den „Führer" noch einmal zu sehen. Hitler, der seinen Wunderdoktor Theodor Morell weggeschickt hatte, bat den Professor dazubleiben. Seither kampiert Haase neben dem OP-Raum auf einem Feldbett. Schenck, Ernährungswissenschaftler und Oberst-Arzt der Waffen-SS, ist Inspekteur für Truppenverpflegung der Wehrmacht und hat unter anderem im KZ Mauthausen Ernährungsexperimente an Gefangenen durchgeführt. Der Kampfkommandant Mohnke hat ihn angefordert, um die Verpflegung der Zitadelle sicherzustellen. Schenck hat mehr als 150 000 Essensrationen und Tonnen von Konserven und Lebensmitteln in die Reichskanzlei bringen lassen. Im marmornen Arbeitszimmer Adolf Hitlers stapeln sich jetzt Kartoffelsäcke.

Da Schenck danach nichts mehr zu tun hat, meldet er sich im Notlazarett und fragt, ob er helfen könne. Haase reicht ihm Kittel und Mundschutz und drückt ihm eine Knochensäge in die Hand. Sie operieren abwechselnd, ohne Unterbrechung. Amputierte Gliedmaßen werden im Garten aufgeschichtet, Leichen ebenfalls. Medikamente und Verbandsmaterial sind knapp. Die Schwestern reißen Toten die Verbände ab, um noch Lebende zu versorgen.

„Unsere Operationsmäntel konnten nicht mehr gewechselt werden", schreibt Schenck, „sie waren steif durch geronnenes Blut. Die Mundtücher waren nass von Atem und Schweiß. Der Ventilator lief nicht mehr. Vor den Augen flirrte es, denn die Operationslampe heizte noch, die Pulse klopften in den Schläfen. Dunst, Blutgeruch und Gestank verdichteten sich zu einem Miasma."

Kindersoldaten, zum Teil erst 14 Jahre alt, sollen sich den Panzern der Roten Armee entgegenwerfen. Im Garten der Reichskanzlei empfängt Adolf Hitler bis zuletzt Jungen, die mit dem Eisernen Kreuz ausgezeichnet worden sind

Irgendwann werden Verwundete in blauer Marineuniform eingeliefert – Seekadetten, die der Großadmiral Dönitz in den Kessel hat einfliegen lassen, blutjunge Burschen, frisch aus der Marineschule Flensburg-Mürwik.

Mit den Verwundeten strömen traumatisierte Zivilisten aus den umkämpften Straßenzügen der Umgebung in die Neue Reichs-

Während in Berlin die Schlacht tobt, spielt Hitlers Entourage ihm im Kommandobunker Normalität vor. Als er das Ausmaß der Niederlage begreift, heiratet er seine heimliche Geliebte Eva Braun und begeht gemeinsam mit ihr am 30. April 1945 Selbstmord

kanzlei, alte Männer, Frauen mit Kindern. Die Posten lassen sie ein, bald sind die Schutzräume restlos überfüllt. Die Menschen schlafen apathisch auf dem Boden, während über ihnen die Granaten einschlagen. Die sanitären Zustände sind unbeschreiblich.

All dies dringt nicht zu dem Mann durch, um dessentwillen hier gestorben und gelitten wird. Der Führerbunker ist von der Neuen Reichskanzlei durch lange Gänge und Kontrollschleusen hermetisch abgeriegelt. Hier ist es still. Hier gibt es kein Blut. Hier werden wie immer die vegetarischen Mahlzeiten für Hitler gekocht, die er wie immer mit den beiden Sekretärinnen einnimmt, und hier werden noch immer die Lagekonferenzen zelebriert – bloß dass jetzt außer den subalternen Verbindungsoffizieren niemand mehr dabei ist.

Die Generäle Keitel und Jodl sind mit dem Oberkommando der Wehrmacht nach Rheinsberg nördlich von Berlin ausgewichen, und auch dort werden sie nicht lange bleiben können. Die Russen sind ihnen hart auf den Fersen. Hitler ist nur noch ein Überbleibsel, Strandgut des Untergangs – ein Schattenherrscher in einem Schattenreich.

General Weidling schlägt vor, mit allen in Berlin befindlichen Truppen nach Westen auszubrechen. Krebs stimmt zu. Hitler, nunmehr ganz realistisch, sagt nein: Man käme dann nur von einem Kessel in den anderen. Er müsste dann „unter freiem Himmel oder in irgendeinem Bauernhaus hausen und das Ende abwarten“. Es sei das Beste, wenn er in der Reichskanzlei bleibe.

Doch 48 Stunden später platzt Hitlers letzte Illusion, die „Armee Wenck“: Der General kämpft sich mit den Resten der 12. Armee nach Westen durch, um sie in amerikanische Gefangenschaft, statt in russische, zu führen. Es gibt keine Truppen mehr, die Hitler „raushauen“ könnten.

Inzwischen wird vor der Reichskanzlei gekämpft. Am 27. April stoßen russische Panzer zum Wilhelmplatz vor, doch Mohnkes Verteidigungsring leistet Widerstand. Die Panzer bleiben brennend liegen, die Russen wagen keinen zweiten Angriff. Am Pariser Platz hat Mohnke Feldhaubitzen in Stellung gebracht.

„Jedes Rohr hat zwölf Schuss“, meldet er. „Sobald diese verschossen sind, kämpfen die Mannschaften infanteristisch.“

Rund 1000 Mann verteidigen die Bunkeranlage unter der Berliner Reichskanzlei (u. l.). Eine Gasschleuse (2) schützt den Eingang (1) zum Vorbunker (A), in dem die Familie des Propagandaministers Joseph Goebbels untergebracht ist (3–6). Ein Durchgang (7) führt zum 250 Quadratmeter großen Hauptbunker (B). Hier bewohnt Adolf Hitler zwei Zimmer (10+11), Eva Braun hat die Nachbarräume bezogen (8+9). Ein Ausgang (12) führt in den Garten. Als die Rote Armee die unterirdische Festung am 2. Mai 1945 kampflos einnimmt, ist sie fast verlassen. Beinahe alle Bewohner haben sich getötet oder sind geflohen

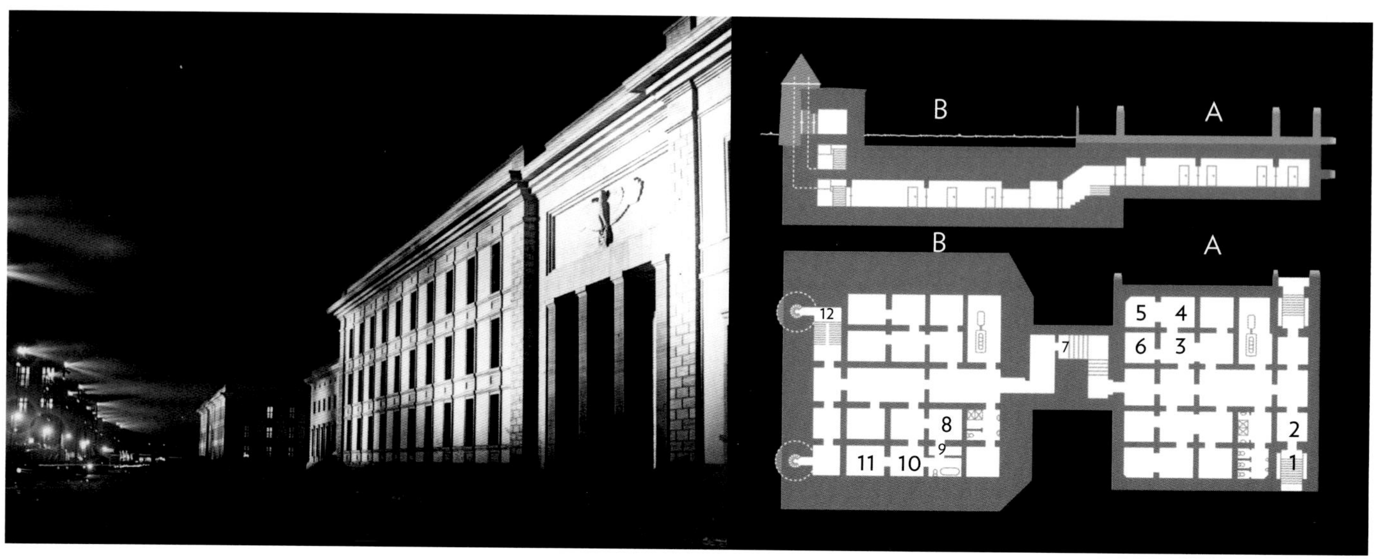

Hitler: „Ich möchte nur geweckt werden, wenn ein russischer Panzer vor meiner Schlafkabine steht, damit ich Zeit habe, meine Vorbereitungen zu treffen."

Er redet nun offen über den Tod. Beim Essen erklärt er den Sekretärinnen, wie man sich am besten umbringe, nämlich durch einen Schuss in den Mund. Er überreicht den Frauen je eine Zyankalikapsel. Himmler hat ihm einen Vorrat dagelassen. „Es tut mir leid", sagt er, „dass ich Ihnen zum Abschied kein schöneres Geschenk machen kann."

In die Untergangsatmosphäre platzt eine Nachricht: Die britische Nachrichtenagentur Reuters meldet, dass Heinrich Himmler in Lübeck mit dem Vizepräsidenten des schwedischen Roten Kreuzes, Graf Folke Bernadotte, Gespräche zur Vermittlung einer Gesamtkapitulation geführt habe. Tatsächlich glaubt der Reichsführer SS, die Alliierten würden ausgerechnet ihm – dem Herrn der Todeslager – die Hand reichen, um mit ihm den Kampf gegen den „Bolschewismus" fortzusetzen.

Die Neuigkeit trifft Hitler noch tiefer als der vermeintliche Verrat Görings. Er verstößt Himmler aus der Partei und aus allen Ämtern – ein Akt, der außerhalb des Bunkers allerdings niemanden mehr interessiert.

Den Absprung Himmlers büßt ein anderer: der SS-Gruppenführer Hermann Fegelein, Verbindungsmann Himmlers im Führerhauptquartier und Schwager Eva Brauns. Fegelein, hochgradig unbeliebt wegen seiner nassforschen Art, ist seit zwei Tagen aus dem Bunker verschwunden. Hitler lässt ihn suchen. Ein SS-Kommando stöbert den Gruppenführer in seiner Privatwohnung in der Nähe des bereits umkämpften Kurfürstendamms auf, volltrunken, mit einer unbekannten Frau im Bett. Die SS-Leute entdecken einen Koffer mit Geld, Schmuck und falschem Pass.

Fegelein wird in die Reichskanzlei gebracht und – noch immer betrunken – von Gestapochef Heinrich Müller persönlich verhört. Als die Nachricht vom Verrat Himmlers bekannt wird, ist der Fall für Hitler klar: Fegelein steckt mit dem Reichsführer unter einer Decke und war im Begriff zu fliehen.

Hitler verlangt die sofortige Exekution. Mohnke nimmt die Degradierung des SS-Kameraden vor. Ein Kommando erschießt ihn im Garten des Auswärtigen Amts.

Eva Braun, deren Schwester Gretl ein Kind von Fegelein erwartet, ist tief betroffen, hat Hitler aber nicht um eine Begnadigung ihres Schwagers gebeten.

Die russischen Soldaten sind inzwischen zum Sturm auf den Reichstag angetreten. Das monumentale Gebäude mit seinen meterdicken Steinmauern wird zum Schauplatz des letzten Gemetzels des europäischen Krieges.

Für die Sowjetstrategen hat das Parlament höchsten Symbolwert: Der Reichstagsbrand von 1933 war das Signal zur Errichtung der NS-Diktatur und zur Zerschlagung der Kommunistischen Partei. Jetzt, zwölf Jahre später, kämpfen sich die Soldaten von Etage zu Etage hoch, um die rote Fahne auf dem Dach des wilhelminischen Prachtbaus zu hissen.

Hitler schließt mit seinem Leben ab. Am Nachmittag des 28. April ruft er Traudl Junge zu sich und diktiert ihr sein politisches und sein privates Testament in den Steno-Block. Er ernennt Dönitz zum „Reichspräsidenten" und Goebbels zum „Reichskanzler" und stellt eine komplette Kabinettsliste für die neue Regierung zusammen.

Traudl Junge tippt die Texte mit dreifachem Durchschlag in die Maschine mit den extragroßen Lettern – „das letzte Blatt der Geschichte des Dritten Reiches", wie sie sich später erinnert. „Meine Finger arbeiten fast mechanisch, und ich bin erstaunt, dass sie fast keine Tippfehler machen." Hitler hat es eilig. Er reißt ihr das letzte Blatt fast aus der Maschine: Die Testamente sollen noch in dieser Nacht auf den Weg zu Dönitz gebracht werden. „Verwundert erfasse ich", so Junge, „dass das letzte Schriftstück Hitlers ohne Korrektur, ohne gründliche Überarbeitung in die Welt hinausgehen soll."

Wer die Papiere heute liest, ist verblüfft: keine pathetische Geste, kein Wort, das sich in Marmor hauen ließe als letztes Vermächtnis eines gescheiterten Welteroberers. Stattdessen ein zynisches Rechtfertigungspamphlet mit plumpen Lügen: „Es ist unwahr, dass ich oder irgendjemand anderer in Deutschland den Krieg im Jahre 1939 gewollt haben."

Sein letztes Wort ist von dem Wahn diktiert, der ihn zum größten Massenmörder der Geschichte werden ließ: „Vor allem verpflichte ich die Führung der Nation zur peinlichen Einhaltung der Rassegesetze und zum unbarmherzigen Widerstand gegen den Weltvergifter der Völker, das internationale Judentum." Es ist die Sprache eines kranken Hirns.

Der Mann, der die bürgerliche Welt so verachtete, will am Ende bürgerliche Ordnung in sein Leben bringen: In der Nacht zum 29. April feiert er mit der Schattenfrau an seiner Seite Hochzeit. „Sie geht auf ihren Wunsch als meine Gattin mit mir in den Tod. Er wird uns das ersetzen, was meine Arbeit im Dienst meines Volkes uns beiden raubte", erklärt er in seinem privaten Testament.

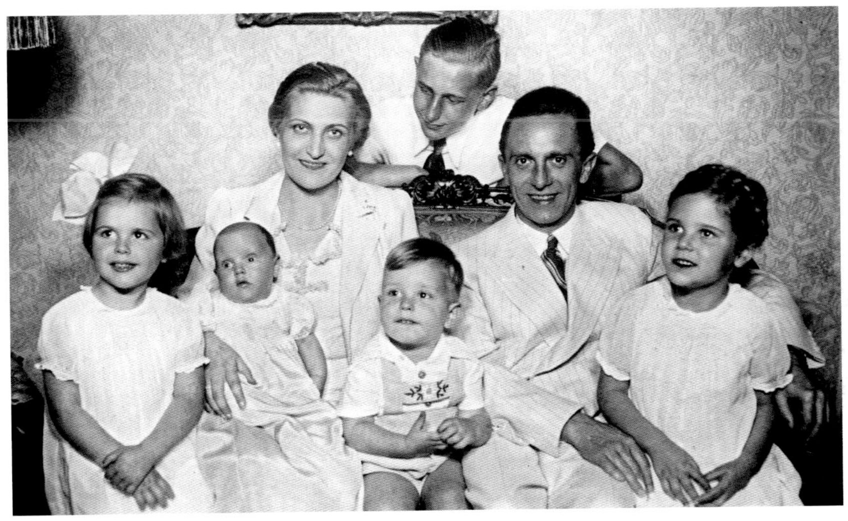

Propagandaminister Goebbels, von Hitler zum Nachfolger ernannt, nimmt sich einen Tag nach seinem Idol mit seiner Frau das Leben. Vorher vergiftet das Ehepaar noch seine Kinder mit Blausäure

Beim Volkssturm treibt man einen Standesbeamten auf, der die Trauung vollzieht. Pflichtgemäß fragt er die Brautleute, ob sie arischer Abstammung seien. Pflichtgemäß antworten sie mit „Ja“. Kurz nach Mitternacht setzen sie ihre Unterschriften unter die Heiratsurkunde.

Im Lageraum ist der Tisch für eine kleine Feier mit den Trauzeugen Goebbels und Bormann gedeckt. Auch die beiden Sekretärinnen und die Diätköchin sind geladen. Man stößt mit Sekt an. Zum letzten Mal.

Im Bunker gibt es Auflösungserscheinungen. „Jeder versuchte, seinen Jammer mit Alkohol zu betäuben“, notiert ein Offizier. „Die besten Weine, Liköre und Delikatessen wurden aus den großen Vorräten entnommen, während die Verwundeten in den Kellern und U-Bahn-Schächten nicht einmal den brennendsten Hunger und Durst stillen konnten.“

Die Sowjettruppen sind inzwischen bis auf 200 Meter an die Reichskanzlei herangekommen. In der Ruine des Hotels „Kaiserhof“ liegen russische Scharfschützen, die den Zugang zum Führerbunker über die Alte Reichskanzlei unmöglich machen.

Aus dem Radio erfährt die Funkzentrale des Bunkers vom Tod Mussolinis. Partisanen haben den „Duce“ in seinem Versteck am Comer See aufgegriffen und erschossen, seine Leiche wurde in Mailand öffentlich zur Schau gestellt und grauenhaft zugerichtet – für Hitler der endgültige Anstoß, Schluss zu machen.

Die letzte Nacht bricht an. Hitler lässt die beiden Ärzte aus dem Lazarett rufen, die Professoren Haase und Schenck. Sie nehmen zwei Schwestern mit. Hitler erwartet sie am Fuß der Treppe, die zum Führerbunker hinunterführt. Schenck hat ihn noch nie aus der Nähe gesehen. Er erschrickt: „Dieser Mann war nicht einmal ein Hauch dessen, den Millionen Bilder gezeigt hatten. Ich sah hinab auf einen gekrümmten Rücken, aus dem er den Kopf fast gequält hob. Das Auge, das er auf mich richtete, starrte schmerzhaft. Der Mund blieb geschlossen. Die Bewegung, mit der er meine Hand forderte und drückte, war Reflex. Der Mann lebte noch, aber als Wesen auf der untersten Sohle des Daseins. Fast tonlos sagte er, er wolle uns danken. Er stieg auf die Stufe, auf der auch ich stand. Zentimeternahe vor mir die Mondlandschaft seines zerstörten Gesichts in fahlem Gelbgrau.“

Eine der Krankenschwestern bricht unter hysterischem Schluchzen zusammen, Haase packt sie am Arm. Hitler sagt: „Man soll sich seinem Schicksal nicht feige entziehen wollen.“ Er geht und winkt Haase, ihm zu folgen. Schenck bleibt mit den Schwestern in einem Vorraum, wo die Generäle Krebs und Burgdorf beim Wein sitzen. Auch Eva Braun stößt dazu. „Sie unterhielt sich fast fröhlich mit den Männern über Alltägliches und hatte nicht teil an der Verwahrlosung, welche drüben (in der Neuen Reichskanzlei; *die Red.*) bereits alle befallen hatte und auch hier schon nach den Uniformen griff.“

In den frühen Morgenstunden des 2. Mai 1945 ist die Schlacht um Berlin entschieden. Auf dem Brandenburger Tor weht die Fahne der Sieger

Schenck kehrt an seinen OP-Tisch zurück. Während er einen Oberschenkel amputiert, kommt Haase aus dem Führerbunker zurück und flüstert ihm zu, dass Hitler gegen 15 Uhr aus dem Leben scheiden werde. Er habe das Zyankali an seiner Hündin ausprobiert.

Der Morgen dämmert herauf. Hitler trifft die notwendigen Anordnungen. Bormann beauftragt den Adjutanten Otto Günsche, ausreichend Benzin bereitzustellen. Eva Braun schenkt ihrer bayerischen Landsmännin Traudl Junge zum Abschied einen Silberfuchsmantel. „Versuchen Sie herauszukommen“, sagt sie. Dann wird noch einmal Mittag gegessen – ein „Gastmahl des Todes unter der Maske heiterer Gefasstheit“, so Junge.

Anschließend verabschiedet sich Hitler vom engsten Kreis seiner Mitarbeiter. „Er reicht jedem die Hand. Ich fühle seine Rechte warm in der meinen, er schaut mich an, aber er sieht mich nicht. Er sagt etwas, aber ich höre es nicht. Ich bin erstarrt.“

Eva Braun trägt ein schwarzes Kleid mit Rosen im Ausschnitt. Ihr Haar ist frisch gewaschen und frisiert. Dann folgt sie Hitler in sein Zimmer. Die schwere Eisentür fällt hinter ihr ins Schloss. Otto Günsche baut sich breitbeinig davor auf.

Der Bunker wartet. Die Minuten vergehen in quälender Langsamkeit. Jeder ist mit sich allein. Um 15.30 Uhr fällt der Schuss. „Der Schall pflanzte sich fort durch alle Räume“, schreibt die Sekretärin Traudl Junge.

Später werden Legenden über Hitlers Tod wuchern. Doch das Ende war banal, sofern der Tod überhaupt banal sein kann. Gut zehn Menschen haben die Szene gesehen, nachdem Otto Günsche die Tür zu Hitlers Zimmer wieder geöffnet hat. Arthur Axmann ist einer der Augenzeugen: „Hinter der Tür blieben wir stehen und grüßten mit erhobener Hand. An der Wand uns gegenüber saß Hitler in der rechten Ecke eines kleinen Sofas. Sein Oberkörper war nach rechts geneigt, sein Kopf nach hinten gelehnt. Über beide Schläfen führte ein schmales Blutrinnsal nach unten. Auf dem Polster waren Blutspritzer. Die Pistole lag auf dem Teppich. Hitler hatte sich in den Mund geschossen. Neben ihm saß Eva Braun. Sie lehnte an Hitlers Seite, ihr Kopf ruhte auf seiner Schulter. Ihre Augen waren geschlossen, ihre Lippen leicht geöffnet. Der Körper wies kein Zeichen gewaltsamer Einwirkung auf. Sie machte den Eindruck einer Schlafenden. Eva Braun hatte sich vergiftet.“

Traudl Junge betritt den Raum unmittelbar nach dem Abtransport der Leichen: „Auf dem Tisch liegt Evas kleiner Revolver, daneben ein rotes Chiffontuch. Auf dem Boden sehe ich die Messinghülse der Giftampulle glänzen. Sie sieht aus wie ein leerer Lippenstift. Mir wird plötzlich übel. Der schwere Mandelgeruch (des Zyankalis; *die Red.*) widert mich an. Jetzt müsste man frische Luft atmen können, Wind spüren und Bäume rauschen hören."

Die Toten werden, in Decken gewickelt, vor dem Bunkerausgang auf die Erde gelegt. Goebbels und Bormann sind mit heraufgekommen. Linge, Günsche und Kempka tränken die Decken mit dem bereitgestellten Benzin, Günsche entzündet es. Die kleine Gruppe hebt den rechten Arm, als die Flammen hochschlagen.

Die Verbrennung gelingt wegen des anhaltenden Artilleriefeuers nur unvollkommen. Die Überreste der Leichname werden schließlich in einen Granattrichter gelegt und mit Erde bedeckt. Das Leben des österreichischen Zöllnersohnes aus Braunau am Inn, der sich zum Herrn der Welt aufschwingen wollte, endet „zwischen Schuttbergen, Mauerresten, Betonmischmaschinen und verstreutem Unrat" (so später der Autor Joachim Fest).

An diesem Abend hissen zwei Soldaten des 69. sowjetischen Gardeschützenkorps die rote Fahne auf dem Dach des Reichstags. Rechtzeitig zum 1. Mai kann Marschall Schukow dem Genossen Stalin melden, dass die Schlacht um Berlin praktisch zu Ende ist.

Doch die Reichskanzlei ist noch nicht besetzt – Kommandostelle eines nicht mehr existierenden Staates. Für 24 Stunden ist der zum Reichskanzler avancierte Goebbels Herr des Bunkers. In absurder Verkennung der Lage beschließt er, mit den Russen Verhandlungen aufzunehmen; in der Stunde des Untergangs entdeckt er seine Seelenverwandtschaft mit Stalins Staat. Generalstabschef Krebs soll einen Waffenstillstand aushandeln.

Krebs war vor dem Krieg stellvertretender Militärattaché in Moskau und spricht Russisch. „Es wurde auch kurz erwogen, ob Martin Bormann den Generalstabschef begleiten solle", berichtet Arthur Axmann. „Doch Bormann selber riet davon ab. Er hielt es nicht für richtig, einen Mann der Partei ins sowjetische Oberkommando zu schicken."

„Obwohl die Russen", so Axmann, „nur wenige Hundert Meter von uns entfernt lagen, war es für uns sehr schwierig, mit ihnen in Verbindung zu kommen. Es war nicht möglich, unser Telefonkabel an das ihrige anzuschließen. So versuchten wir es auf dem Funkwege. Erst kurz vor Mitternacht, zwischen dem 30. April und 1. Mai, gelang es, mit den Russen Kontakt zu bekommen."

Um 3.50 Uhr trifft Krebs im Befehlsstand Tschuikows nah am Flughafen Tempelhof ein. Krebs – „mit einem Ritterkreuz um den Hals, mittelgroß, stämmig, kahler Schädel, Schmisse im Gesicht, Portweinnase", wie Tschuikow sich später erinnert – teilt dem Russen (der seinen Namen nicht nennt) mit, dass Hitler tot sei, und übergibt ihm ein Schreiben von Goebbels: Der neue „Reichskanzler" sei „be-

Etwa 80 000 sowjetische Soldaten sind im Kampf um Berlin gefallen und mindestens ebenso viele deutsche. Zehntausende Verteidiger werden in langen Kolonnen als Gefangene abgeführt

vollmächtigt, Verbindung mit dem Führer des Sowjetvolkes aufzunehmen, zwecks Friedensverhandlungen zwischen den beiden Staaten, die die größten Kriegsverluste zu verzeichnen haben". Ferner überreicht er Tschuikow die Kopie von Hitlers Testament mit der „Kabinettsliste" der neuen Regierung.

Tschuikow ist perplex. Er ruft seinen Oberbefehlshaber Marschall Schukow an. Der lässt sich mit Stalin verbinden. Der Sowjetherrscher wird aus dem Schlaf geholt. „Der Schurke hat also ausgespielt", sagt er zu Schukow. „Ich bedauere, dass wir ihn nicht lebend fangen konnten. Wo ist seine Leiche?"

Schukow sagt ihm, was er von Krebs weiß. Abschließend erklärt Stalin, dass es keinerlei Verhandlungen geben werde. Die Sowjetunion bestehe, wie mit den Alliierten vereinbart, auf bedingungsloser Kapitulation. Im übrigen möchte er jetzt nicht mehr gestört werden, denn in wenigen Stunden beginne die 1.-Mai-Parade auf dem Roten Platz.

Doch bei der politischen Führung der Roten Armee ist man hellwach. Schukow schickt seinen Stellvertreter zu Tschuikow. Gemeinsam nehmen sie Krebs ins Verhör: wie Hitler gestorben sei, wo Himmler, Dönitz und Göring steckten, was Goebbels wolle. Krebs beantwortet alle Fragen auf Russisch. Schmeichelt den Siegern: „Ich glaube, dass es nur einen Führer gibt, der die Vernichtung Deutschlands nicht wünscht, das ist Stalin."

Jede Antwort wird nach Moskau durchgegeben, von dort kommt die Rückantwort. Stunden vergehen. Tschuikow lässt Tee und belegte Brötchen servieren, auch für den deutschen General. „Ich bemerkte, dass seine Hände zitterten", schreibt Tschuikow, „ich bot ihm Kognak an, er lehnte nicht ab."

Sie tauschen Erinnerungen aus. Tschuikow fragt nach Heinz Guderian, dem Vorgänger von Krebs. Tschuikow hat den Panzergeneral 1939 kennengelernt, als sich Deutsche und Russen bei der Teilung Polens am Bug die Hand reichten.

Vor einem Monat ist Guderian von Hitler gefeuert worden, weil er nicht mehr an den Endsieg glaubte – aber das sagt Krebs nicht. Sondern erzählt, dass er 1941 bei der Mai-Parade auf der Balustrade des Lenin-Mausoleums stand, sieben Wochen vor dem Überfall auf die Sowjetunion. Dann reden sie über Stalingrad. „Sie waren damals Befehlshaber eines Armeekorps?", fragt Krebs.

„Nein, einer Armee."
„Wer sind Sie?"
„Tschuikow."
„Tschuikow", wiederholt Krebs. Jetzt weiß er, wen er vor sich hat.

Die Nacht neigt sich dem Ende zu. Auf Bitten von Krebs lässt Tschuikow durch einen russischen Fernmeldetrupp eine direkte Telefonverbindung zur Reichskanzlei herstellen. Krebs übermittelt Goebbels die Forderung der Russen: bedingungslose Kapitulation oder Kampf bis zum Ende. Goebbels lehnt ab.

Nach neun Stunden kehrt Krebs in den Bunker zurück. Für Goebbels bedeutet die Antwort der Russen das endgültige Aus. Ihm bleibt nur noch die Pistole. Doch zuvor werden er und seine Frau das grausigste aller Verbrechen begehen, das Eltern begehen können: Sie werden ihre Kinder ermorden.

Seit neun Tagen leben die sechs Geschwister in der Betongruft, ohne das Tageslicht gesehen zu haben. Die Jüngste ist vier, die Älteste zwölf Jahre alt. Sie ahnen nur dunkel, was um sie herum vorgeht. Doch alle anderen wissen, was ihnen bevorsteht. Die Frauen im Bunker kümmern sich um sie, bauen eine Lügenwelt um die Mordwelt, bringen ihnen Schokolade, lesen ihnen Geschichten vor, singen Lieder mit ihnen.

Wenn es eine wahrhaft furchterregende Gestalt in diesem Inferno gibt, dann ist es die Henkerin dieser Kinder, ihre eigene Mutter: Magda Goebbels, geschiedene Quandt, 44 Jahre alt, eine fanatische Nationalsozialistin, die in ihrer Unerbittlichkeit den sadistischen Urgrund des Hakenkreuz-Regimes verkörpert: Sie will ihre Kinder töten, weil „die Welt, die nach dem Führer und dem Nationalsozialismus kommt, nicht mehr wert ist, darin zu leben. Die Kinder sind zu schade für das nach uns kommende Leben, und ein gnädiger Gott wird mich verstehen, wenn ich selbst ihnen die Erlösung geben werde." Dies schreibt sie drei Tage vor dem Mord an ihren Sohn aus erster Ehe, der sich in britischer Kriegsgefangenschaft befindet.

Selbst den SS-Offizier Mohnke dauern die Kinder. Er bietet Goebbels an, sie mit einem der letzten Panzer herauszubringen. Goebbels lehnt ab: „Stalin wird sie in eine Parteischule stecken und zu hervorragenden Kommunisten drillen lassen. Und dann werden sie eines Tages womöglich gegen das eigene Vaterland agitieren und ihre Eltern verdammen. Es ist besser, wir nehmen sie mit."

Wir nehmen sie mit – Worte eines Geiselnehmers, der nach der Opferung von Millionen den eigenen Kindern das Leben raubt.

Hitlers neuer Begleitarzt Ludwig Stumpfegger hat einen Betäubungstrank gemixt, den ihnen die Mutter einflößt. Als sie eingeschlafen sind, träufelt sie ihnen Blausäure in den Mund. Am nächsten Tag finden russische Soldaten sie tot in ihren Betten. Offenbar hat niemand mehr nach ihnen geschaut.

Arthur Axmann berichtet, dass Magda Goebbels nach vollbrachter Tat Kaffee kochte, sich dann zu ihm an den Tisch setzte und ihn aufforderte, Anekdoten aus der „Kampfzeit" zu erzählen.

Gegen 20.30 Uhr verlässt das Ehepaar Goebbels den Bunker. Der genaue Hergang ihres Todes ist nie eindeutig geklärt worden.*

Nach sowjetischen Angaben lag neben den Leichen je eine Pistole, Marke Walther. Die Toten waren mit Benzin übergossen worden, aber nur oberflächlich verbrannt. Niemand hatte sich die Mühe gemacht, sie zu beerdigen.

Sie sind nicht die letzten Toten in dieser Totengruft. Als Goebbels gegangen ist, richtet auch General Krebs die Waffe gegen sich. Ihm in den Tod folgen General Burgdorf, der Militäradjutant Hitlers, und andere Offiziere.

Der Kommandant der Zitadelle, SS-Brigadeführer Wilhelm Mohnke, gibt noch nicht auf. Er beschließt den Ausbruch mit dem Rest seiner Prätorianergarde.

„Nehmt ihr uns mit?", fragen Traudl Junge und Gerda Christian, die beiden Sekretärinnen. Mohnke nickt. Die SS-Männer geben den zwei Frauen Uniform, Stahlhelm und Pistole. Schießen haben sie in den letzten Wochen im Garten des Auswärtigen Amts geübt. „Unsere Papiere haben wir alle vernichtet. Ich nehme kein Geld mit, keinen Proviant, keine Kleidung, nur viele Zigaretten", so Traudl Junge.

Mohnke teilt seine Leute in Gruppen. Die erste, mit den Frauen, führt er selbst. Die Kämpfe haben nachgelassen, die Russen feiern den 1. Mai. Als die Nacht hereinbricht, überquert die Gruppe den Wilhelmplatz und verschwindet im U-Bahn-Schacht.

Über die Leiber von Toten und Halbtoten tasten sie sich vor bis zur Station Friedrichstraße. Dort müssen sie an die Oberfläche. Über die S-Bahn-Brücke gelangen sie ans andere Spreeufer. Hinter Mohnkes Gruppe bricht die Hölle los. Die anderen versuchen es über die Weidendammer Brücke, aber die wenigsten schaffen es.

Eine verlassene Bierbrauerei wird zur Endstation für die Gruppe Mohnke. Versprengte SS-Einheiten haben sich dort gesammelt. Im Morgengrauen umstellen russische Truppen das Areal und fordern die Übergabe.

Traudl Junge erinnert sich: „Im Hof steht eine Kompanie SS steinern und regungslos bei ihren Fahrzeugen und wartet auf den Befehl zum letzten Angriff. Am anderen Ende des Hofes verteilen russische Soldaten schon Schnaps und Zigaretten an deutsche Soldaten, die ihre Waffen weggeworfen haben."

Auch sie legt Stahlhelm und Pistole ab, zieht die Uniformjacke aus und geht mit Gerda Christian durch das Spalier der russischen Soldaten, „als wären wir unsichtbar. Dann sind wir außerhalb des Ringes, und endlich kann ich weinen."

Doch es wird immer noch geschossen in Berlin. Und immer noch gibt es den Kampfkommandanten des „Verteidigungsbereichs Berlin", General Weidling. Sein Befehlsstand ist der Bendlerblock, Sitz des Oberkommandos des Heeres, wo Stauffenberg und seine Mitverschwörer in der Nacht zum 21. Juli 1944 erschossen wurden.

Weidling hat keinen Oberbefehlshaber und keine Verbindung zur Außenwelt mehr. „Die Funkstellen der einzelnen Abschnitte meldeten sich nicht mehr. Es bestand nur noch Funkverbindung mit dem Flakbunker am Zoo, vor dem bereits zehn bis 15 russische Panzer standen. Nach der Gesamtlage zu urteilen, war ein Ausbruch hoffnungslos."

Weidling ist immer noch Kommandeur des 56. Panzerkorps (das keine Panzer mehr hat), doch er trifft ungern Entscheidungen auf eigene Verantwortung, dazu ist er nicht erzogen.

Und so ruft er alle Soldaten des Bendlerblocks zusammen, rund 100 Leute vom General bis zum Gefreiten, und erklärt ihnen, dass er keinen anderen Ausweg als die Kapitulation sehe. Wer anderer Meinung sei, solle es sagen. Niemand hebt die Hand.

* Überhaupt lassen sich viele Details dieser letzten Tage nicht mit absoluter Genauigkeit rekonstruieren.

1933 hat Hitler Nürnberg zur »Stadt der Reichsparteitage« erklärt. Nach dem Krieg ist die mittelalterliche Metropole, die zum Ziel alliierter Bomberflotten und amerikanischer Artillerie wurde, völlig zerstört

Weidling lässt einen Funkspruch an den Gegner senden und fünfmal wiederholen: „Hier 56. deutsches Panzerkorps! Hier 56. deutsches Panzerkorps! Wir bitten, das Feuer einzustellen. Um 12.50 Uhr entsenden wir Parlamentäre auf die Potsdamer Brücke. Erkennungszeichen weiße Flagge vor rotem Licht. Wir bitten um Antwort. Wir warten!"

Die Nachrichtenabteilung der 79. russischen Gardeschützendivision fängt den Funkspruch auf: „Verstanden! Übermitteln Ihre Bitte dem Chef des Stabes."

Am Morgen des 2. Mai 1945 steht Weidling gegen sieben Uhr vor Tschuikow, der zweite deutsche General binnen 24 Stunden, ein anderer Typus als Krebs, erinnert sich der Sowjetoffizier: „Mittelgroß, hager und beherrscht. Er trug eine Brille und hatte die Haare sorgfältig zurückgekämmt."

„Der Krieg ist also aus?", fragt Tschuikow.

„Meiner Meinung nach ist jedes weitere Opfer ein Verbrechen und ein Wahnsinn."

„Richtig. Sind Sie schon lange bei der Armee?"

„Seit 1911. Ich begann als einfacher Soldat." Weidling beginnt zu weinen. Als er sich wieder gefangen hat, ersucht ihn Tschuikow, einen Kapitulationsbefehl an seine Truppen zu verfassen.

Weidling schreibt: „Am 30. April 1945 hat der Führer Selbstmord begangen und damit alle, die ihm Treue geschworen hatten, im Stich gelassen. Getreu dem Befehl des Führers wart ihr, deutsche Soldaten, bereit, den Kampf um Berlin fortzusetzen, obwohl die Gesamtlage den weiteren Widerstand sinnlos machte. Ich ordne die sofortige Einstellung jeglichen Widerstandes an. Jede Stunde, die ihr weiterkämpft, verlängert die entsetzlichen Leiden der Zivilbevölkerung und unserer Verwundeten. Im Einvernehmen mit dem Oberkommando der sowjetischen Truppen fordere ich euch auf, sofort den Kampf einzustellen. Weidling, General der Artillerie, ehemaliger Befehlshaber des Verteidigungsbereichs Berlin."

Der Text ist nicht gerade das, was Tschuikow sich gewünscht hätte – das Wort „Befehl" hat Weidling nicht über sich gebracht, und die „Treue zum Führer" klingt jetzt ziemlich deplatziert. Aber darauf kommt es nun auch nicht mehr an. Tschuikow lässt das Papier abtippen. Weidling unterschreibt. Damit ist er Kriegsgefangener der Sowjetunion. Der Kapitulationsaufruf wird durch Lautsprecherwagen verbreitet. Aus den Ruinen und Kellern kommen die Überlebenden hervor, zu Tode erschöpfte Gestalten, in zerschlissenen Uniformen. Tausende. In langen Kolonnen marschieren sie durch die zerstörte Stadt und treten, wie ihr Kommandeur, den Weg in die Gefangenschaft an. Die letzte Schlacht dieses Krieges ist zu Ende.

Die NS-Herrschaft hat das Land ruiniert – physisch und moralisch. Es liegt, wie hier Köln, in Trümmern. Und schwer wiegt die Schuld der Verbrechen, die die Deutschen verübt haben

Zu einem Sturm auf die Reichskanzlei kommt es nicht. Die Götterdämmerung endet dort als Groteske. Nach dem Ausbruch der Besatzung ist der Bunker leer. Nur ein Mensch bleibt freiwillig zurück, ein Zivilist: der Maschinenmeister Johannes Hentschel.

Er betreut den Generator, der den Bunker mit Strom und Frischluft versorgt. Die Maschine hat in der ganzen Zeit nie versagt. Hentschel will sie jetzt nicht im Stich lassen, denn sie versorgt das Notlazarett.

Am Morgen des 2. Mai hört der Maschinenmeister plötzlich Stimmen. Russische Stimmen. Weibliche Stimmen. Im Gang zur Neuen Reichskanzlei kommen ihm zwölf Soldatinnen entgegen.

Hentschel hebt die Hände hoch, aber die Frauen wollen nichts von ihm. Sie sind auf der Suche nach Beute. Hentschel führt sie in Eva Brauns Zimmer.

Die Besucherinnen machen sich über die Schränke her. Hentschel ist froh, dass sie beschäftigt sind, und kehrt an seinen Arbeitsplatz zurück. Später sieht er die Frauen lachend und schwatzend zurückkehren, „beladen mit Helmen, SS-Dolchen, Silberbesteck, einem Akkordeon und sogar einem Tischtelefon".

Zwei Stunden danach wird es ungemütlich für den Maschinenmeister. Grölend kommt eine Gruppe junger betrunkener Offiziere aus der Bunkerkantine. Sie tanzen um den Deutschen herum und übergießen ihn mit Champagner. Schließlich drückt ihm einer die Pistole in die Rippen. Hentschel wird abgeführt.

Er verlässt die Reichskanzlei durch das Hauptportal – als Gefangener. Er blinzelt in die Sonne, die er lange nicht gesehen hat.

Sein Blick erfasst ein grauenvolles Bild: „Sechs oder sieben deutsche Soldaten baumelten an mehreren Laternenpfählen. An all diesen Leichen steckten oder hingen Schilder: Verräter, Deserteur, Feigling. Sie waren so jung. Der älteste war vielleicht 20, der jüngste 16. Ich schauderte und sah weg."

Sechs Tage später endet der Krieg: Um 23.01 Uhr tritt am 8. Mai 1945 die bedingungslose Kapitulation der Wehrmacht in Kraft. 40 Millionen Tote hat der Konflikt in Europa gefordert, darunter etwa 13 Millionen Opfer der Verbrechen des NS-Regimes. Deutschland, das den Weltenbrand 1939 mit dem Überfall auf Polen entfacht hatte, zählt rund 7,3 Millionen Tote. ⬢